提升孩子
注意力
50法

崔華芳 —— 著

智能教育出版社

責任編輯	俞　笛
版式設計	鍾文君
封面設計	吳丹娜

書　　名	**提升孩子注意力50法**
著　　者	崔華芳
插　　圖	陳昊珉（6歲）
出　　版	智能教育出版社
	香港北角英皇道 499 號北角工業大廈 20 樓
	INTELLIGENCE PRESS
	20/F., North Point Industrial Building,
	499 King's Road, North Point, Hong Kong
香港發行	香港聯合書刊物流有限公司
	香港新界大埔汀麗路 36 號 3 字樓
印　　刷	陽光（彩美）印刷有限公司
	香港柴灣祥利街 7 號 11 樓 B15 室
版　　次	2014 年 7 月香港第一版第一次印刷
	2018 年 3 月香港第一版第二次印刷
規　　格	大 32 開（142 × 210 mm）264 面
國際書號	ISBN 978-962-8904-45-7

© 2014 Intelligence Press

Published & Printed in Hong Kong

目錄

第 1 章　給孩子營造良好的成長環境

對孩子來說，比什麼都重要的是父母自身所造成的良好環境，這是孩子的第一印象。任何一個孩子的成長都不能脫離父母而單獨進行，因而家庭教育是對一個孩子的全部教育中最為核心的組成部分。

——日本教育家 鈴木慎一

第 2 章　善於調節孩子的情緒

對什麼都有興趣的人是討人喜歡的人。但是幹事業，就應在一定的時間內，專心致志於一個目標。

——法國作家 莫洛亞

第 3 章　善於引導孩子的興趣

我們在集中思考時，在沉湎於某件事時，我們看不見，也聽不見我們身邊所發生的事情。

——俄國生理學家　巴甫洛夫

第 4 章　讓孩子學會自我控制

要想使自己成為一個注意力很強的人，最好的方法是，無論幹什麼事，都不能漫不經心！

——蘇聯心理學家　普拉托諾夫

第 5 章　有意識地進行注意力訓練

天才——首先是不知疲勞的、目標明確的勞動，是在一定事物上集中注意力的能力。

——蘇聯作家　切列巴霍夫

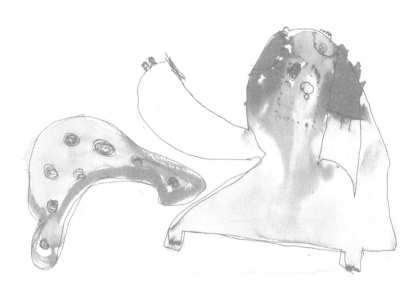

序言　注意力是智力之門

天才就是不斷地注意

　　法國生物學家喬治・庫維說過："天才就是不斷地注意。"我們之所以能夠認識周圍的環境，主要是因為我們能夠通過身上的各種感覺器官來收集外界的各種資訊，然後將它們彙集起來，形成完整的認識。這些感覺器官之所以能夠收集外界資訊，就在於我們擁有注意力，注意力幫助我們維持觀察分析的指向性，從而完成認知活動。

　　因此，每個人的心理活動總是和注意力聯繫在一起。要欣賞美麗的花朵，首先就要注意到它；要聆聽優美的音樂，首先也要注意到它；打算記住重要的資料，首先還是要注意到它。我們有意識地觀察某一事物時，有意識地思考一個問題時，都有注意的主導作用。如果沒有注意，觀察和思維等認知活動也就不能正常進行了。

　　1928 年 9 月的一天，英國倫敦聖瑪利醫院的細菌學家弗萊明像往常一樣，來到實驗室工作。

　　在實驗室一排排架子上，整整齊齊排列着很多玻璃器皿，上面還分別貼着標籤寫着鏈狀球菌、大腸桿菌、葡萄狀球菌等。這些都是有毒的細菌，弗萊明培養它們，目的是尋找一種能夠制服它們、使它們變成無毒細菌的方法。尤其是其中一種在顯微鏡下看起來像葡萄的細菌，存在很廣泛，危害也非常大，病人傷口化膿感染，就是這種細菌在"作怪"。弗萊明試驗了各種試劑，一直在尋找一種能殺死它的理想藥品，遺憾的是，弗萊明一直沒有找到合適的藥品。

　　這天，弗萊明又走到架子前，逐個檢查着培養器皿中細菌的變化情況。當他來到靠近窗戶的一隻培養器皿前的時候，看到器皿中的細菌培養基，他皺起眉頭，自言自語地說："怎麼回事，這裡面怎麼會變成這個樣子！"

　　原來，在貼着葡萄狀球菌的培養器皿中，裡面的培養基發黴了，長出了一團青色的黴。

　　這時，弗萊明的助手趕緊過來說："這可能是被雜菌污染了，不用它了，還是倒掉算了。"

　　但是，弗萊明沒有讓助手倒掉，而是仔細地觀察這團青色的黴狀物。他驚奇地發現：在青色的黴菌周圍，有一圈空白的區域，原來生長的葡萄狀球菌消失了。

難道是這種青黴菌把葡萄狀球菌殺滅了嗎？想到這裡，弗萊明不禁一陣激動，他馬上把這瓶培養基拿到顯微鏡下觀察。結果發現，青黴菌附近的葡萄狀球菌已經全部死去，只留下一點殘跡。

　　於是，弗萊明立即決定，把青黴菌放在培養基中培養。

　　幾天後，青黴菌明顯地繁殖起來。弗萊明開始了新的試驗：他用一根線粘上溶了水的葡萄狀球菌，然後再放入青黴菌的培養基器皿中。

　　幾個小時後，葡萄狀球菌全部死掉。

　　接着，弗萊明又分別把帶有鏈狀球菌、白喉菌、肺炎球菌的線放進去，結果，這些細菌也很快死掉。

　　為了弄清青黴菌對葡萄狀球菌的殺滅能力到底有多大，弗萊明把青黴菌的培養液加水稀釋，先是一倍、兩倍……最後以 800 倍水稀釋，結果它對葡萄狀球菌和肺炎菌的殺滅能力仍然存在。這是當時人類發現的最強有力的一種殺菌物質了。

　　後來，弗萊明就把他的發現寫成論文發表。他把這種青黴菌分泌的殺菌物質稱為青黴素。

　　由於弗萊明在青黴素發現和利用方面作出的傑出貢獻，他於 1945 年獲得了諾貝爾生理學和醫學獎。

　　弗萊明發現青黴素，看似偶然，實際上是他細心觀察、不斷的注意的結果，如果沒有弗萊明不間斷的注意，然後發現問題並進而解決它，青黴素的發現也許要往後推遲不知多少年。

注意力是人對一定事物指向和集中的能力，它在各種認知活動中起着主導作用。而那些天才人物，之所以能取得非凡的成就，就在於能夠集中注意力去全力以赴地做一件事。

"注意聽"，是聽覺對聲音的指向和集中；"注意看"，是視覺對所觀察的事物的指向和集中；"注意想"，是思維活動對有關問題的指向和集中。不管做甚麼事，只有保持注意、聚精會神才能事半功倍。

在每個人的學習和生活中，任何時候都離不開注意力，只有在注意力的引導下，才能正常地完成各種任務，要是沒有注意力的參與，即使是在走路的時候，也有可能被絆倒！比如，欣賞一部精彩的動畫片，如果想更好地瞭解劇情，我們就必須集中注意力；上課的時候，如果對老師講解的知識不注意聽，就很可能甚麼也沒有記住，更不會真正理解所講的內容；看書的時候，如果不能集中注意力就不會知道書中的內容是甚麼……

注意力的四種品質

注意力有四種品質，即注意的廣度、注意的穩定性、注意的分配性和注意的轉移性，這是衡量一個人注意力好壞的標誌。

一、注意的廣度

注意的廣度也就是注意的範圍，它是指人們對於所注意的事物在一瞬間內清楚地察覺或認識的對象的數量。研究表明，在 1 秒鐘內，一般人可以注意到 4-6 個相互間沒有聯繫的字母，5-7 個相互間沒有聯繫的數字，3-4 個相互間沒有聯繫的幾何圖形。

當然，不同的人具有不同的注意廣度。一般來說，孩子的注意廣度要比成年人小。但是，隨着孩子的成長及不斷的有意識訓練，注意廣度會不斷得到提高。

二、注意的穩定性

注意的穩定性指一個人在一定時間內，比較穩定地把注意集中於某一特定的對象與活動的能力。例如，當孩子在看漫畫書時，可以連續一小時集中注意力，而對同學的干擾不放在心上。這就表明孩子看漫畫時，注意的穩定性比較好。

一般來說，只要一個人的目的性明確，對活動的重要性有所認識，注意的穩定性就會比較好一些。當然，這也需要孩子有相當好的自我控制能力。事實上，具有良好的學習習慣，善於克制自己、約束自己的人，比自由散漫、難於控制和約束自己的人更容易保持穩定的注意。

三、注意的分配性

注意的分配是指一個人在進行多種活動時能夠把注意力平均

分配於活動當中。比如,孩子能夠一邊看書,一邊記錄書中的精彩語言;你能夠一邊炒菜,一邊聽新聞。

人的注意力總是有限的,不可能什麼東西都關注,如果要求自己什麼都注意,那最終可能什麼東西都注意不到。但是,在注意的目標熟悉或不是很複雜時,卻可以同時注意一個或幾個目標,並且不忽略任何一個目標。能否做到這一點,還和注意力能夠持續的時間有關,所以要根據自己的實際能力,逐漸培養有效注意力的能力。

比如,孩子上課的時候,需要一邊聽老師講課,一邊做筆記,這也是注意力的分配問題。這種方法對提高孩子的學習成績非常有效。

雖然許多時候要進行注意力的分配,但必須分清主次,也就是說,注意力不一定是平均分配,而應該根據觀察對象的多少和重要程度進行有效分配。還以孩子上課做筆記為例,在課堂上,主要的目的是聽老師講課,因此,應把大部分注意力放在聽講上,把一小部分注意力用在記筆記上就可以了。如果不分主次關係,就會既聽不好課也做不好筆記。

四、注意的轉移性

注意的轉移是指一個人能夠主動地、有目的地及時將注意從一個對象或者活動調整到另一個對象或者活動。注意力轉移的速度是思維靈活性的體現,也是快速加工資訊形成判斷的基本保證。例如，在孩子看完一個有趣的片子後，讓隔壁的姐姐給孩子來講解數學的解題思路，如果孩子能迅速地把注意力從片子中轉到解題當中，孩子的注意轉移性就不錯。

注意力集中和轉移注意力是一個事物的兩個方面，孩子每天都在這兩種狀態下學習或生活。每天要上好多節課，每一節課的內容都有所不同。上語文課的時候全神貫注，上數學課時無法讓注意力從語文課轉移到數學課上，那麼數學課的學習效果就會大打折扣。可見，對學生來說，學會轉移注意力和注意力集中對提高學習成績同樣有益處。

一般來說，在注意的四種品質中，注意力的穩定性對孩子來說是最重要的。可以說，穩定而集中的注意力直接決定着孩子未來的學業成績。因此，良好的注意品質既要求孩子能夠持久地穩定注意，又要求孩子能夠主動迅速地轉移注意。

當然，每個孩子的注意品質都是不一樣的，有些孩子注意廣度比較好，有些孩子注意穩定性比較好，有些孩子則是注意分配和注意轉移比較好，這些差異都是因人而異的，父母不可過於強求每一種品質。我們只有在生活中通過有意識地引導和訓練，來培養孩子的注意力。

孩子注意力的特點

　　一般來說，注意力分為有意注意和無意注意。

　　有意注意是有預定目的，需要一定意志努力地注意。它是注意的一種積極主動的形式，服從於一定的活動任務，並受人的意識自覺調節和支配。比如，讀書時，需要有意識地去注意書中的內容，把注意力集中在書本上。

　　任何成功的活動除了一些知識經驗、能力等基本條件外，還需要一種精神上的準備和堅持到底的品質。遺憾的是，年幼的孩子恰恰缺乏有意注意，這就需要父母在日常生活中有意識地去培養。

　　無意注意是指沒有目的的注意，這種注意往往是由某些新奇的、強烈的、變化着的刺激引起的。比如，當孩子聽到門口有聲響的時候，就會豎起耳朵，轉動腦袋，仔細傾聽；當孩子上街時看到有一群人圍在一起，就會不自覺地走過去想看個究竟。可見，這種無意注意在我們生活中是非常常見的。

　　一般來說，能夠引起一個人的無意注意的事物主要有以下一些特點：

　　一、相對強烈的刺激

　　例如，強烈的光線、巨大的聲響、濃郁的氣味等，這些事物由於具有相對強烈的刺激，一般都會立刻引起我們的注意。

當然，相對強度指的是一種刺激與其他刺激互相比較的力度。有時候，絕對強度很大並不會引起我們的注意；有時候，絕對強度並不大，卻會引起我們的注意。例如，在安靜的課堂上，很小的腳步聲也能引起孩子的無意注意，而在很喧鬧的餐廳，這種腳步聲就不會引起大家的注意。

　　二、突然發生變化的刺激

　　當周圍的環境和事物突然發生變化時，肯定每個人都會感覺得到。例如，老師在上課的時候突然停止了，孩子肯定會好奇地去注意老師發生了什麼事。再比如，孩子正在家裡午休時，突然門口響起了鞭炮聲，孩子肯定想要出去看看發生了什麼事。因為，這些突然發生的變化出乎一個人的意料之外，我們的注意力會優先注意到它。

　　三、不斷變化的刺激

　　事物不斷變化會引起人的生理反應，例如，商場的霓虹燈一閃一閃的，特別容易引起我們的無意注意。這是因為一閃一閃的霓虹燈刺激了我們的視覺神經。再比如，搖滾樂會讓人產生煩躁感，而舒緩的輕音樂則讓人產生舒服感。這是因為，不斷變化的搖滾樂讓人不得不去注意它，而舒緩的輕音樂則讓人的身心比較放鬆。

　　要培養孩子的注意力，首先要瞭解孩子注意的特點。

　　孩子一出生，就有了注意力，他能夠去追尋他人注意的一些事物。每個做父母的都有這樣的經驗：當你問一歲左右的孩子"媽媽或爸爸在哪裡"，孩子就會把頭轉向父母所在的地方。

但是，不到一歲的孩子，他們的注意力很不穩定，而且都是無意注意。也就是說，這個年齡的孩子在注意的時候，事先並沒有預定的目標，也不需要孩子的意志努力，這時孩子對事物的注意也很短。

孩子三歲以後，注意的範圍就會不斷擴大，注意的能力也逐漸提高。但是，這時孩子注意力的穩定性還是比較差。

比如，你在給孩子講故事的時候，孩子在專心聽故事的同時，也很容易被外界的刺激所吸引，來了一隻小狗，孩子注意力便不在故事上，而是被小狗所吸引。這說明孩子的注意力還不穩定，不能較長時間地保持在某一件事情上，無意注意佔據主導地位，有意注意在逐步形成階段。

孩子到了上學的年齡，就開始比較自覺地注意某些事物，但是，注意的穩定性還不是很好。當然，經過訓練的孩子，注意力能夠達到驚人的專注。

也許有的父母會說，人家的孩子是天生的，自己的孩子沒法和人家相比，他天生就是坐不住的人，我拿他也沒辦法。其實，專心並不是天生的，而是一種習慣，需要後天的培養。

注意力是孩子學習有成效的前提。孩子在學習過程中，首先要有高度的注意力。一個學習不專心，上課總是開小差的孩子是很難取得好成績的。成績差就失去了學習的興趣，沒有了自信，成績就會更差，結果，注意力更加不集中，造成惡性循環。因此，父母一定要重視培養孩子主動地集中注意力。

孩子為什麼注意力差？

做事情三分鐘熱度，剛開始興致勃勃，不一會兒就打蔫；

上課注意力渙散，不是開小差，就是做小動作，甚至與同學交頭接耳；

做作業漫不經心，讀書定不下心來，抄作業會抄錯題目，做題目會抄錯答案；

跟他講話愛答不理，一隻耳朵進，一隻耳朵出，還沒等你說完就做別的事情去了；

做事心不在焉，貌似在做事，心卻飛到了其他事情上，總是錯誤百出，不讓人省心；

……

為什麼我的孩子注意力這麼差？這是許多父母都想不通，也迫切想知道的問題。一般來說，孩子注意力差有以下幾個原因：

一、孩子身心發育不健全

小帥今年上小學二年級，腦子很聰明，和小朋友一起遊戲，

他總能想出許多新奇的點子，在小朋友中間很有威信，總能看到許多孩子跟在他後面瘋玩。

可是，這個聰明的孩子卻不能集中精力學習，上課不專心聽講，不是玩橡皮、鉛筆盒，就是和同桌講話。由於他在課堂上小動作多，老師不得不讓他一個人坐，但是，即便是這樣，小帥也不能注意聽講。

每天回到家後做作業也是邊做邊玩，有時發愣，有時走神。因此，小帥的學習成績一直很不好。

小帥的父母也很發愁，不知如何讓孩子集中精力。

其實很多家長都為孩子注意力不集中而頭疼，孩子注意力不集中的表現，在小學生中較為突出。孩子年齡越小注意力就越不易集中，這是因為兒童神經系統發育還不完善，大腦的抑制功能還不強的緣故。

前面已經說過，根據心理學研究，注意力可分為有意注意和無意注意兩種。

有意注意是有預定的目的、需要個體有意識地加強的注意。無意注意則是沒有預定目的、不需要付出努力的注意。

對於年幼的孩子來說，注意的特點就是無意注意起着重要的作用，當出現新奇的事物時，就容易引起孩子的無意注意，孩子顯得好奇、好動、好問等。

另外，對於小學生來說，有意注意剛剛開始加強，他們在開始時能夠注意聽老師講課，但是，時間一長，有意注意就堅持不住了，於是，孩子就會東張西望，左顧右盼，開始"走神"了。

　　兒童心理學研究表明，孩子分心的程度與年齡成反比：5 — 7 歲的孩子能夠集中注意力 15 分鐘左右，7 — 10 歲的孩子能夠集中注意力 20 分鐘左右，10 — 12 歲的孩子能夠集中注意力 25 分鐘左右，12 歲以後的孩子方可集中注意力半個小時左右。可見，讓小學生全神貫注地坐上 40 分鐘認真聽課並不現實。

　　另外，由於身心發育不健全，孩子無法根據實際情況將自己的注意力集中在需要注意的事物上，從而經常會過度興奮，總是"惦記"着一件事情，而忽視了眼前的事物。

　　當然，隨着孩子的身心發育，孩子的年齡越大，他就越會逐漸懂得將注意力放在重要的事情上，從而慢慢延長集中注意力的時間。

　　對每一位家長來說，我們都希望孩子能夠在課堂上認真聽講，課後及時完成老師佈置的作業，但是，在培養孩子注意力時，我們應該注意培養孩子良好的學習習慣，教育他們做每一件事不管有趣還是無趣，不管是難是易都要做到有始有終，幫助孩子在做事時，養成仔細、耐心、專注的習慣。同時，家長在安排孩子的學習活動時，要求不要太嚴格，孩子剛開始學習時，時間不要過長，讓孩子學習十幾分鐘適當地休息一下，使孩子的大腦得到一段時間的放鬆，然後再繼續學習。家長只有循序漸進地幫助孩子，孩子才能夠有效地集中注意力。

二、家長教育方法不恰當

小濤剛上初中一年級，媽媽就對他嚴加管教。小濤曾這樣說：“面對我的父母，我不知道該怎麼做。”

小濤的媽媽望子成龍，希望小濤在初中這三年之內，努力學習，考入重點高中。

媽媽給小濤作了這樣的規定：吃中午飯時要邊吃飯邊背英語單詞，晚飯後寫作業必須先寫數學作業，然後寫語文作業。一旦先做語文作業，媽媽就橫加批評：“誰讓你先做語文作業，不是跟你說了嗎，要先做數學作業！”

小濤每次做作業，媽媽都在外面偷看。每每遇到媽媽不信任的目光，小濤心裡就煩。小濤喜歡足球，可媽媽不讓他看球賽。媽媽有時錯怪小濤，小濤指出來，爸爸竟然說：“你媽沒錯，她講得錯的你也得聽，小小年紀還反了不成。”媽媽還經常拿她同事、朋友的孩子與小濤比較。

小濤說他在家裡感到緊張、厭煩、消沉，學習注意力不能集中，學習成績自然不好。

其實，小濤也很努力，也想給父母一個驚喜，但是，一看到父母不信任的目光，小濤就心煩，實在不知道學習是給誰學的，因此，出現了厭學情緒，上課總提不起精神來，經常開小差，小濤也不知道從何做起。

很多父母都會有這樣的體會，隨着孩子年齡的增長，孩子意識到自己已經長大，開始把自己當做"成年人"，希望父母不要總拿他們當小孩子看待，這時候，如果父母仍然像往常一樣遇事反復叮嚀、事事包辦代替，甚至連孩子先做什麼作業也橫加干涉，孩子就會感到厭煩、反抗。

孩子畢竟是孩子，他們往往會把這種情緒帶到學習中去，從而影響了學習的興趣，出現無法安心學習的情況，即使人坐在課堂上，也不能把注意力集中在聽課上。可見，家長不恰當的教育方法容易造成與孩子之間的隔閡與矛盾的加深，這對孩子的成長是不利的。

在孩子的成長過程中，每位父母的教育方法都不盡相同，但最重要的一條家庭教育的原則就是要尊重孩子的權利。孩子在長大的過程中，都會有不成熟的"自我意識"不時地體現出來，這並非是孩子有意與父母對着幹，這說明孩子已經長大了。每一個父母都要理解孩子的這種成長過程，帶着寬容、理解的心情去教育孩子。

在一些小事情上，父母不妨放手讓孩子學着拿主意，千萬不要因管制太嚴，招致孩子的反感，讓孩子無法把精力都用到學習上。遇到與孩子有關的事情，比如，家長為孩子制定的學習計劃，要先聽一聽孩子的意見，然後再一起商量，這一點做父母的應特別注意。家長應該明白，優秀的孩子並不是僅僅有一個好成績就行了，而是要學會獨立生存於社會的基本能力，只有認識到這一點，父母才能夠使孩子從高壓的應試教育中走出來。

三、學習壓力過大造成心理疲勞

小明今年上初中一年級，他說：

"我現在幾乎天天待在家裡，只有這樣，我才會有安全感。我的爸爸、媽媽對我要求很高，從我第一天上學，他們就一遍一遍地對我說：'你要好好學習，不然的話，長大了就沒有出息。'每天放學回家，他們都監督我先把作業做完，然後再看學習資料，連休息日也不讓我跟小朋友玩，不讓我交朋友，怕我學壞了，讓我一個人待在房間看書。我喜歡看漫畫和卡通，可父母發現後就不停地嘮叨：'有志氣的孩子不會看這些沒有用的書。'上小學時，我對學習還有點興趣，後來，我對周圍的一切都不感興趣，更討厭學習。人坐在教室裡，心卻不在教室裡，而且我心裡總悶得發慌，做任何事情都不能專心，恍恍惚惚，總想躲避所有人。如今上了中學，要學習的科目增加了，學習壓力自然增加了，父母還是不斷地給我加壓，我實在是無法集中注意力去學習，我甚至想退學了。"

小明的情況是典型的因心理壓力太大而導致的心理疾病。

現在的絕大多數家庭都只有一個孩子，父母把自己全部的希望都寄託在孩子身上。有調查顯示：99.7% 的父母希望孩子上大學，其中 50.3% 的父母希望孩子上名牌大學。

許多家長都有這樣的想法：要想讓孩子學有所得，學有所成，就得給孩子壓力。儘管適當的壓力會轉化為孩子的動力，不過，有些家長過分注重孩子的學習成績，常常在孩子面前揮舞着"升學"的大棒："上不了學，你這輩子就完了！""上不了大學，你就得去掃大街、撿破爛、要飯吃⋯⋯"似乎孩子考不上大學就沒法活了，如同下地獄一樣可怕。

孩子畢竟是孩子，孩子的身心正處於成長發育階段，生理和心理的承受能力都有限。許多孩子被學習的重擔壓得眼中失去了光彩，同時也失去了對一切知識的興趣。如果父母給孩子的壓力過大，以致孩子從心理上被壓垮，那麼不僅學習搞不好，還可能產生心理上的疾病。

患上這種心理疾病的孩子，輕則會在繁重的學習中不知所措，成績越來越不理想；重者可能患厭學症，對學校、學習有強烈的抗拒心理，以致帶來可怕的後遺症。厭學的孩子多半有以下的情況發生：

走神

既然失去了對學習的興趣，那麼無論是聽講還是做作業，注

意力都很難集中，並且容易受外界的打擾。一般來說，愛走神的孩子學習效率低，成績也很難提高。

貪玩

既然沒有求知慾，那當然對玩感興趣。這樣的孩子會在課本上亂畫，會在課堂上搞小動作，也會把自己喜歡的東西藏在抽屜裡，趁老師不注意偷偷地看。如果心思不在學習上，父母再怎樣管教，都不會有實際作用。

一問三不知

因為失去了對學習的興趣，注意力不在學習上，只能是左耳朵進、右耳朵出，知識根本無法存進大腦，即使勉強裝進去，在需要用的時候，也不知如何提取出來去運用。

屢做屢錯

在做題時，聽老師講解似乎明白，但因沒把老師講解的內容放在心上，所以，下次遇到這樣的問題，還會犯同樣的錯誤。

孩子需要知識的滋養，但是，孩子更需要快樂地學習，如果孩子把學習看成是一種負擔，就會失去求知慾。

為了避免孩子因壓力過重而產生心理上的疾病，父母要設法為孩子減輕心理負擔，解除他們過重的心理壓力。同時，父母要鼓勵孩子多參與同齡孩子之間的各種集體活動，多與人交往，培養開朗樂觀的性格。

四、病理性的原因

有些孩子注意力不集中可能是因為腦組織的輕微損害，腦內神經遞質代謝異常等造成的，結果，孩子會出現所謂的“多動症”。

“多動症”又被稱為注意力缺陷，這是一種常見的兒童行為異常問題。這類孩子的智慧正常或基本正常，但是，在學習、行為及情緒方面卻存在着一些缺陷。主要表現是：注意力不集中、活動過多、衝動、任性、情緒不穩定、行為異常、學習困難等等。

隨着生活方式、環境及飲食結構的變化，兒童多動症的發病率越來越高。常見的發病原因有：長期食用烤羊肉串、涮羊肉、速食麵類食品，過多地飲用飲料、過多食用皮蛋、病毒感染、腦外傷及維生素缺乏等。

近年來，越來越多的研究發現，“感覺統合功能失調”也是導致孩子注意力不集中的一種病因。

“感覺統合功能失調”是指大腦不能將來自身體各部分的感覺資訊進行充分的加工和整理，從而不能組織機體各方面的活動。

精神衛生專家認為，產生“感覺統合功能失調”的原因有：都市的高樓大廈剝奪了孩子們與大自然、綠地接觸的機會；家長經常將孩子摟抱在懷中，使孩子缺少練習抬頭、在地上滾爬等成長必需的活動;非必要的剖宮產使孩子失去了唯一的經過產道擠壓獲得觸覺訓練的機會等等。

　　這些病理性的問題往往很難自癒,而且對孩子的身心危害比較大。遇到這些情況,父母一定要及時帶孩子治療,以免影響孩子的生理心理發展。

　　當然,不管孩子是哪種原因造成的注意力不集中,父母都不能掉以輕心。因為注意力的集中與否直接關係到一個人的某項工作或整體事業是否能夠成功。對於孩子而言,從小就培養他的注意力,培養他對一件事情的專注程度,必定會為他將來的成功打下堅實的基礎。因此,父母應該積極尋找導致孩子注意力不集中的原因,儘早消除這些障礙或原因,幫助孩子提高注意力。

測測孩子的注意力

　　培養孩子的注意力，首先要對孩子的注意力水準有個綜合的瞭解。下面是一份注意力保持性的測驗，主要測驗孩子在完成學習任務時的注意力保持情況。請讓孩子按照各個題目的要求結合自己的實際情況如實填寫，認真完成。

　　1. 做作業時，你喜歡開着電視嗎？（　）

　　A. 是的，我覺得只有這樣做作業才不會枯燥。

　　B. 不是。我做作業一向很專心，一邊看電視，一邊做作業會互相干擾。

　　C. 一般不會。但有時做作業時間長時會看電視或者聽聽廣播。

　　2. 聽別人講話時，你會常常想着另一件事嗎？（　）

　　A. 是的，我會不由地想別的什麼事。

　　B. 我會儘量應付講話的人。

　　C. 我不會一心二用，否則可能兩件事都做不好。

　　3. 你常常在做作業的時候還能耳聽八方嗎？（　）

　　A. 我在做作業的時候對周圍的一切瞭若指掌。

　　B. 我做作業時不關心周圍的事情。

　　C. 這種情況不常發生，除非我在抄習題。

4. 你花幾天的時間才能將所有的暑假作業做完？（　）

A. 是的，快速做完後，會有更多的時間可以玩。

B. 基本不是，因為這樣做會影響功課的品質。

C. 當然啦，如果有事想出去玩才會這樣。

5. 你每次看書的時間有多長？（　）

A. 我一般最長能看一個小時左右。

B. 是的，看一小會兒我就想玩，坐不住。

C. 我每次看書時間都很長，能堅持住兩小時。

6. 你經常在看完一頁書後卻不知書上講的是什麼嗎？（　）

A. 是的，我很難集中注意力。

B. 我只能記住一點。

C. 我看完書後，能記住書上所講的內容。

7. 做試卷時，你會經常漏掉題目嗎？（　）

A. 我很粗心，做題有點心不在焉。

B. 我做任何事情都很認真。

C. 我幾乎每次都要漏掉點什麼。

8. 上課時，你是否經常想起昨天發生的事情？（　）

A. 是的，我很容易想起昨天開心的事情。

B. 上課的時候，我會跟着老師的節拍走。

C. 當上課不緊張時，我會開一會兒小差。

9. 媽媽叫你拿碗筷，你卻常常拿一些其他的東西嗎？（　）

A. 當我在看我最喜歡的動畫片時會。

B. 一般不會，我一向做事很準確。

C. 是的，我會經常拿錯東西。

10. 你放的東西經常會找不着嗎?( )

A. 我放的東西有條有理，除非別人挪動了位置。

B. 我經常會亂放東西。

C. 我常常找不到橡皮、尺子等小東西。

11. 上課時如果外面下雨，你會分心嗎?( )

A. 我會聽一會兒雨聲，然後再繼續上課。

B. 上課時外面的雨不會讓我分心。

C. 是的，我會被雨聲吸引。

12. 心裡一有事，你就會在上課時坐不住嗎?( )

A. 是的，我常常會念念不忘心裡的事。

B. 我會將不愉快的事情放在一邊。

C. 我會在不影響上課的前提下想想心事。

13. 班上來了新老師，你會將注意力放在老師的穿着上嗎?( )

A. 我會花點時間想想新老師的事情。

B. 我會像原來一樣認真聽課。

C. 我會好奇地一直打量着老師。

14. 當家裡來了客人，你會取消做作業的計劃嗎?( )

A. 我會和客人聊一會兒再做作業。

B. 正好有理由熱鬧熱鬧。

C. 不會，我會按照自己的計劃做作業。

15. 一旦身體不舒服，你就會請假不上學嗎？（　）

A. 如果不上新課的話我就請假。

B. 正好有理由不去上課。

C. 我不會因為小病而影響上課。

評分規則：

請將孩子的選擇寫在題目後面的括弧裡，然後參照下表統計孩子的得分。各題的記分情況如下：

題號	A	B	C
1	1	3	2
2	1	2	3
3	1	3	2
4	1	3	2
5	2	1	3
6	1	2	3
7	1	3	2
8	1	3	2
9	2	3	1
10	3	1	2

11	2	3	1
12	1	3	2
13	2	3	1
14	2	1	3
15	2	1	3

測試結果：

15 — 24 分：

你的孩子的注意力還有待提高！你的孩子是不是經常覺得在看電視或者玩遊戲的時候注意力很集中，而一到上課或做作業的時候就不能有效地集中注意力？孩子有可能很容易被周圍環境所打擾，即使沒有干擾的時候也很容易開小差。為此，孩子也很為這事苦惱，但就是管不住自己。其實，有這種情況也沒有關係。每個人的注意力都是可以通過訓練得到提高的。只要父母和孩子按照我們後面介紹的關於注意力提高的一些練習堅持訓練，這種情況是會得到改善的！

25 — 34 分：

你的孩子的注意力基本上能夠維持日常的學習和生活的需要。但是，還有許多事情因為孩子的注意力不夠集中而不夠完美。如果孩子能再專心一點，也許考試成績就會提高一大步。如果不是因為上課時向窗外望去，老師的提問就不會答非所

問 …… 想結束上面的遺憾嗎？只要父母和孩子能按照後面的一些注意方法加強訓練，注意力就會越來越好。

35 — 45 分：

你的孩子的注意力非常棒！孩子能在自己想做的事情上保持相當長的時間和高效的注意力，這會讓孩子受益匪淺。孩子是老師眼中學習認真的好學生，是家中父母的懂事好孩子，是同學學習的好榜樣。當然，有效的注意和正確地運用好注意的方法，同樣會在孩子以後的學習和生活中起到積極的作用。

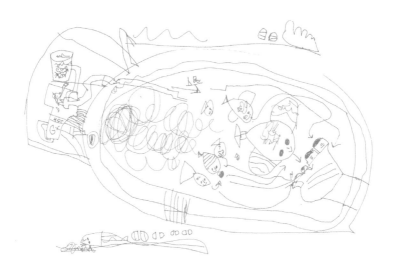

第 1 章

給孩子營造良好的成長環境

對孩子來說，比什麼都重要的是父母自身所造成的良好環境，這是孩子的第一印象。任何一個孩子的成長都不能脫離父母而單獨進行，因而家庭教育是對一個孩子的全部教育中最為核心的組成部分。

——日本教育家 鈴木慎一

第 **1** 種方法

給孩子
一個獨立的
學習環境

　　小松是一名小學五年級的學生，平時學習認真，成績也很好，最近在課上卻不如以前聽課認真，老師佈置的作業也不能按時完成。

　　班主任老師看到小松的反常情況，就耐心地詢問小松有什麼問題。老師對小松說：「你遇到了什麼問題，說給老師聽，老師也許能幫你。」

　　小松就把自己的情況告訴了老師。

　　原來，小松的父母失業後，開了一個小店，小店的生意越做越好，小店也換成了大店。

　　但是，問題也就隨之而來。

　　父母不僅沒有時間管小松，而且只要他們一回到家裡，不是看電視，就是邀人玩麻將，小松沒有辦法靜下心來學習，更有甚者，父母看到小松學習，還說：「啃書本有什麼用，看看和你父母一樣的人，沒什麼文化，照樣走上了發財致富之路，還不如跟我們學做生意呢！」

　　小松受到父母的影響，學習的積極性也減弱了，學習也不那麼專心了。

　　孩子的注意力與周圍的環境關係密切。小松的父母只考慮眼前的利益，為了自己掙錢，又為了自己享受，卻不顧子女的前途，不重視孩子的學習，讓孩子缺少安靜和諧的學習環境，結果導致孩子注意力不集中，影響了孩子的正常學習。

在現實生活中，這樣的父母畢竟是少數，更多的父母雖然重視孩子的學習，但他們做得卻很不正確。例如，要求孩子在房間學習時，自己卻在客廳看電視，而且聲音開得很大，也有的父母在孩子面前聊天、打牌，或在孩子面前出出進進，這不僅會影響孩子學習時的專心程度，而且會給孩子帶來其他不良的後果。

要讓孩子學習時注意力集中，父母就應該給孩子一個安靜、無干擾的學習環境。在孩子學習或做作業時，父母不要開電視或收音機，以免打擾孩子的學習。更不可以打擊孩子的學習熱情，為了自己要打麻將而讓正在學習的孩子到別處去做作業，等等。

有一位媽媽的做法很值得做家長的學習。

這位媽媽每天抽出一個小時和孩子一起學習。當孩子做作業時，媽媽就在一邊靜靜地看書，媽媽還對孩子說，這叫共同學習，共同進步。當孩子學習遇到疑難問題時，就請教媽媽給予提示。

在媽媽的幫助下，孩子不僅專心學習，即使媽媽臨時有事不能陪孩子一塊兒學習時，孩子仍然會定時學習，而且學習時非常專心。

這也說明，只有父母盡力排除使孩子分心的因素，給孩子創造一個安靜、獨立的學習環境，孩子才能在學習中集中精力，養成良好的學習習慣。

　　家長為孩子創造一個安寧整潔的環境，這是孩子集中注意力的必要條件。孩子的學習環境也應力求固定。有條件的最好能讓孩子有一個固定的學習地方，沒有條件的也要力求不影響孩子。

　　另外，孩子一旦學習或做作業，父母就不要和孩子說話，也不要總詢問孩子學習的進展情況，這些都會干擾孩子的學習。

　　許多父母總喜歡在孩子看書、學習的時候"熱情"地照顧孩子，比如："孩子，先喝點牛奶，喝完再看書！"於是，孩子的學習被迫中斷。不一會兒，父母又會說："作業做好了沒有？做好了幫媽媽去買點菜！"孩子又不得不放下手中的書本。父母還會說："光線太暗了，你到窗戶邊去看！"孩子不得不調整位置。"這本書好看嗎？一定要好好看哦！"看似父母在詢問孩子的學習情況，孩子的思路卻被打斷了……

　　孩子在學習時，如果大人走來走去，說這講那，甚至聽廣播、看電視，就會嚴重地分散孩子的注意力。所以，孩子學習時，家長也最好坐下來，看點書讀點報，或做一些不打擾孩子的事情。

第**2**種方法

孩子房間
要整潔有序

阿明今年四年級，父母上班很忙，沒有時間管他，於是就把阿明托付給外婆。

　　阿明的外婆年事已高，對阿明自然是寵愛有加，只知道照管好阿明的生活，從來不要求阿明做事。因此，阿明也從來不知收拾自己的書桌、房間，這些外婆都會收拾。

　　但是，由於外婆不識字，也不敢隨便動明明的書本。

　　於是，阿明的房間給人的感覺只有一個字，那就是"亂"。

　　各種各樣的書到處都是，桌子、椅子橫七豎八，牆上還亂七八糟地貼滿了 NBA 球星的畫。不僅如此，阿明特別喜歡玩遊戲，他還把他的遊戲機搬到了書桌上，蠻大的一張桌子上，滿眼看到的都是遊戲光碟、體育雜誌和練習冊。

　　阿明很少能夠完成老師的作業，因為他經常找不到完成作業的工具，比如書本、字典、練習冊，甚至有時候連筆都找不到。

　　有時候，阿明甚至經常忘記老師留的作業，忘記東西放在哪裡。每天晚上，阿明都要花費很多時間去尋找學習物品。所以，阿明雖然很聰明，可是成績一直不理想。

　　要想讓孩子專心學習，其實非常簡單，當孩子在家中複習功課或學習時，要將書桌上與孩子此時學習內容無關的其他書籍、物品全部清走，保證在孩子的視野中，只有與他現在要學習的科目有關的用品。這種空間上的處理，是孩子訓練自己注意力的一個必要手段。

　　孩子們常常會有這樣的經歷：當自己坐在桌子前，想學數學時，發現桌子上有一張報紙，本來是墊在書底下的，上面有些新聞，自己禁不住就看開了，看了半天，才想起自己本來是要學數學的。就這樣，一張報紙就把孩子們的思緒帶走了。或者本來孩子是要學習的，桌子一角的小電視還開着呢，看着看着，孩子的思緒就從數學王國跑到了電影世界那兒去了。有時即使是一個寫着字的小紙片，看着看着就又想起一件事情。有些孩子本來就容易分心，面對這樣混亂的環境，孩子的學習效率就會更低。

　　周圍的環境不同，孩子的心境與態度也會有所不同。當周圍雜亂不堪時，孩子的心境也會隨之紛亂散漫；在一個有條不紊的環境裡，集中精神則很容易。因此，環境對學習和生活都是非常重要的。

　　孫浩是四年級的學生，他的房間收拾得非常整潔。

　　淡藍色壁紙搭配直條紋的地板，書架上分門別類地擺放着各種圖書，生活計劃表和功課表也擺放在適當的地方，整體非常協調。

　　窗戶上裝了藍色的百葉窗代替窗簾，可以適當遮擋陽光。

　　書桌上放一盞枱燈，要預習的課本整整齊齊放在桌上。

　　據孫浩的班主任講：“孫浩不僅成績好，而且性格非常開朗，同學們都喜歡和他交往。"

孫浩的媽媽更是深有體會，孫浩總是能夠有條不紊地安排自己的學習時間，學習效率相當高，還能夠在完成作業的情況下幫媽媽幹點家務活。

可能許多家長還沒有注意到，環境很多時候是由孩子自己的習慣決定的。

有些孩子的房間可能像狗窩，書籍和玩具散落四處，不堪入目。他們也願意學習、做作業，可每當要寫作業時，就會非常煩躁。這是為什麼呢？原因很簡單，他們面對的環境太亂，使注意力無法集中於學習。因此，家長要試着讓他們把自己的房間打掃乾淨，並培養孩子把東西整理得井然有序的好習慣。這樣一來，孩子不但會心情愉快，甚至學習也能得心應手，做作業時的煩躁也會煙消雲散。

在週末的時候，家長不妨與孩子一起來整理他的房間：把清洗乾淨的衣物疊好後，分類、整齊地放進櫥櫃中，脫下的衣帽、鞋襪掛放在適當的位置，不亂丟，然後擦拭桌椅……要讓孩子懂得自己的生活環境應當保持乾淨整潔。

這項活動不僅可以幫助孩子整理好自己的房間，避免刺激物分散孩子的注意力，而且可以培養孩子手眼協調能力、分類辨識能力及有條理的習慣。

第 **3** 種方法

減少
不必要的
刺激和干擾

小慧家住在臨街的地方，每天馬路上各種車輛來往，坐在小慧的房間裡，能清楚地聽到馬路上的嘈雜聲，即使是在晚上，小慧仍能聽到車輛過往時的隆隆聲。因此，小慧不管是在做作業，還是做別的事情時，總喜歡有意無意地從窗外向馬路望去，時不時地瞄一下馬路上行駛的各種汽車，所以做事總是三心二意。

　　孩子的注意力與環境有密切關係。如果聲音嘈雜，人來人往，孩子注意力就難以集中。有些家庭住房條件差，一家共居一室，媽媽看着電視，爸爸抽着香煙，卻讓孩子專心做作業，試想一下，在這種充斥着這麼多的刺激和干擾源的環境下，孩子怎麼可能專心致志地學習呢？

　　據國家有關規定，兒童房中的室內環境指標有以下幾種：

　　1. 二氧化碳

　　二氧化碳濃度應小於 0.1%。二氧化碳濃度是判斷室內空氣品質的綜合性間接指標，如濃度增高，會使兒童感到噁心、頭疼等不適，父母要保持房間內的通風，促進空氣流通。

　　2. 一氧化碳

　　一氧化碳濃度應小於 5 毫克／立方米。一氧化碳是室內空氣中最為常見的有毒氣體，容易損傷兒童的神經細胞，對兒童成長極為有害，父母要保證燃氣的正確使用，保持通風等。

　　3. 細菌

細菌總數應小於 10 個皿。兒童正處於生長發育階段，免疫力比較低，父母要做好房間的殺菌和消毒工作。

4. 氣溫

兒童的體溫調節能力差，夏季應控制在 28℃以下，冬季室內溫度應在 18℃以上，但是，父母要注意空調對兒童身體的影響，合理使用空調。

5. 相對濕度

相對濕度應保證在 30%~70% 之間。濕度過低，容易對兒童的呼吸道造成損害；過高則不利於汗液蒸發，使兒童身體不適。

6. 空氣流動

在保證通風換氣的前提下，兒童房間的氣流不應大於 0.3m/s，過大則使兒童有冷感；

7. 採光照明

兒童在書寫時，房間光線要分佈均勻，無強烈炫光，桌面照度應不小於 100lx，這一點在下面還會詳細講到。

8. 噪音

噪音對兒童腦力活動影響極大，一方面分散兒童在學習活動時的注意力；另一方面，長時間接觸噪音可造成兒童心理緊張，影響身心健康。據報道，人們如果較長時間在 70 分貝以上的噪音環境中工作，工作效率和身體健康便會受到影響。兒童房間的噪音應控制在 50 分貝以下。

有些家庭自身注意給孩子減少不必要的干擾，可家住在鬧市區，仍然防止不了一些噪音對孩子的干擾。

　　一般來說，噪音主要是對聽覺產生影響，持續性噪音能夠引起耳蝸基底部損害，造成噪音性耳聾。同時，在噪音的影響下，人的注意力甚至能降低到平時的 20%。在噪音的影響下，人們看紅橙色比看藍綠色模糊吃力。更為嚴重的是，強烈持久的噪音會使人過度煩悶，微弱而穩定的噪音又可使人昏昏欲睡。在 80~100 分貝的噪音中，人們會產生疲倦感卻又睡不好，而且還會感到頭疼，容易發怒，心情煩躁，注意力無法集中。突然出現的巨大聲響以及沒有規律的間斷噪音，更容易分散人的注意力。

　　如果家住在臨街面的地方，而又無法搬遷，父母不妨發動孩子自己動手，減少噪音等不良刺激的干擾。

　　也許有些孩子認為家裡的噪音應該由爸爸媽媽想辦法解決。這種想法是不對的，因為每個孩子都是家庭的一分子，應盡自己的一份力量。

　　先來看看牆壁有沒有可改造的地方，牆壁不宜過於光滑。如果牆壁過於光滑，聲音就會在接觸光滑的牆壁時產生迴聲，從而增加噪音的音量。因此，可在小床旁的牆上釘一塊布。這個小竅門源於電影院，如果你仔細觀察一下就會發現，電影院裡的牆壁是凸凹不平的，因為凸凹不平的牆壁可以吸收一部分聲音。

　　再來看看傢具的擺放。儘量把房間裡的傢具合理放置。傢具過少的房間會使聲音在室內共鳴迴蕩，增加噪音。

女孩子喜歡的布藝裝飾品也有不錯的吸音效果。懸垂與平鋪，其吸音作用和效果是一樣的，如掛毯、布製的裝飾畫甚至窗簾等。其中，以窗簾的隔音作用最為明顯，既能吸音，又有很好的裝飾效果，是不錯的選擇。

另外，當今社會是視覺時代，到處都是視覺刺激，如電視、網路、廣告等色彩鮮豔、極富動感的視覺資訊總是分散一個人的注意力。當年幼的孩子在面對這些刺激源時，往往會被動地去注意這些事物，從而失去了靜心學習和思考的意志。於是，慢慢地，孩子的注意力越來越差，自制力也越來越不行。在這種情況下，父母就需要控制孩子的刺激源，盡量給孩子留一段安靜的時間去遊戲和學習，或者專注地做一件自己喜歡的事情。

可見，父母要給孩子創造一個安靜、明亮、空氣清新的環境，盡量避免一些不必要的干擾源，避免經常變動生活場所，避免讓孩子產生一種不安定的感覺，這樣才能使孩子集中注意力。

第**4**種方法

房間的
光線要柔和

　　阿敏的媽媽最近發現孩子只要坐在書桌前就會煩躁不安，根本沒有心思認真學習。這是為什麼呢？阿敏也覺得奇怪，她告訴媽媽，白天在家裡學習時並沒有這種感覺，只要晚上就會有這種情況出現，她也覺得很苦惱。

　　後來，經過諮詢專家發現：阿敏在晚上學習時只開書桌上那個高亮度的枱燈，結果導致她出現這種情況。

　　現在的父母都很講究對孩子的教養和培育，而且只要居住條件允許，父母都會給孩子創造單獨的生活空間，以此來培養孩子的獨立能力。

　　但是，孩子的成長是一個需要倍加呵護的過程，家長在佈置孩子的房間時也應從孩子的需要和生理角度出發。

　　現代研究表明，過於集中的光線容易使人疲勞，尤其是引起視覺疲勞，從而引起閱讀效率低下，視力下降。

　　正確的做法應該是：同時打開分散的和集中的光源，就是房間的燈和枱燈同時使用。這樣，柔和的、熟悉的燈光會使孩子身心放鬆，而集中的光線使孩子的視野處於更明亮的環境中，又會使孩子適度地興奮，提高讀書的效率，也保護了孩子的視力。

　　兒童房間的用燈需要比較多，這是隨着孩子成長的不同時期而變化的。

　　在嬰兒期間光線要有局限性，照到活動所需範圍即可，而且最好安裝調光器，在夜晚，可把光線調暗一些，以增加嬰兒在夜晚的安全感，同時又方便在夜間哺乳孩子。

　　隨着孩子的成長，床頭須置一盞足夠亮的燈，來滿足孩子在入睡前翻閱讀物的要求。

　　學齡前兒童的書桌前必須有一個足夠亮的光源，這樣會有利於孩子遊戲、閱讀、畫畫。由於壁式燈具的開頭入牆，導線不外露，可以避免孩子擺弄導線造成危險。

　　一個減光開關，既便於孩子晚上開關電燈，又可為父母與孩子相處時營造親密氣氛，有助於孩子儘快入睡。

　　總之，孩子房間的照明還要注意光線的柔和度，不可用強光，造成孩子視覺疲勞，影響視力。

第 **5** 種方法

加強孩子的腦營養

　　玲玲剛上小學一年級，因為學校離家遠，媽媽不得不讓她早早起床，早早離家去學校。因為離家早，所以早飯總是吃得又急又少，可到學校後，不到放學，孩子的肚子早餓得咕咕亂叫，以至於上課沒有精神聽課，注意力更是無法放在學習上。

　　0 歲到 6 歲是孩子的腦部細胞、腦部結構、腦部功能發展成長的高峰期。所以營養專家提醒父母，要孩子長得聰明，做事專注，這時期孩子的飲食一定要均衡。

　　有關的研究表明：兒童的智力發展決定於食物。一般來說，食物中有八種營養物質，對腦部功能的健全發育起到了至關重要的作用。

　　第一種營養：蛋白質

　　蛋白質是維持人腦從事複雜智力活動的基本物質。

　　大腦細胞在代謝過程中需要大量的蛋白質來更新，因此家長在孩子的飲食中應注意孩子膳食中蛋白質的質和量，保證提高孩子腦細胞的活力。

　　營養學家提倡，理想的動、植物蛋白質比例為 1：2。

　　海魚、海蝦類富含動物蛋白質，要補充植物蛋白則首選大豆類。大豆中的卵磷脂是構成神經細胞和腦代謝的重要物質，對增強大腦記憶力大有好處，也可讓幼兒多吃豆腐、豆乾、腐竹、豆芽等豆類食品。

第二種營養：脂肪

充足的脂肪可使腦功能健全。含脂肪較多的食物如各種油類：花生油、豆油、菜油、麻油、豬油等。食物中奶類、肉類、雞蛋、鴨蛋含脂肪也很多，還有花生、核桃、果仁、芝麻中也含有很多脂肪。

第三種營養：維生素 A

維生素 A 能促進大腦發育。各種動物的肝臟都含大量維生素 A，奶、蛋也含維生素 A。

第四種營養：維生素 B

維生素 B 包括維生素 B1、維生素 B2、維生素 B6、維生素 B12、煙酸、泛酸、葉酸等。維生素 B 族物質可預防精神障礙。補充維生素 B 的物質來源主要有酵母、穀物、動物肝臟等。

第五種營養：維生素 C

必要的維生素 C 可使大腦反應敏銳。主要食物來源為蔬菜與水果，如韭菜、菠菜、柿子椒等深色蔬菜和花菜，以及柑橘、紅果、柚子等水果。野生的莧菜、苜蓿、刺梨、沙棘、獼猴桃、酸棗等維生素 C 含量尤其豐富，例如每 100g 鮮棗內含維生素 C380~600 毫克，酸棗則高達 1380 毫克。

第六種營養：維生素 E

維生素 E 能保持腦的活力。維生素 E 主要存在於堅果類食品、植物油、麥芽、大豆油、果仁、穀物、新鮮綠葉蔬菜、動物臟器、豆類、蛋黃、瓜果、瘦肉、花生等之中。

第七種營養：鈣

鈣質能使大腦持續工作。含鈣較高的食物有：雞蛋、杏仁、核桃、乳酪和豆製品。

第八種營養：糖

一定的糖質是腦活動的能源，但不要過量，過量則會損害腦部的正常功能。

腦部所需要的這八種營養物質不可能靠吃化學合成的藥物而獲得，只能靠搭配合理的膳食向人體提供充足的能量。也就是說，孩子只能靠合理地搭配膳食，才能攝取富含上述物質的食物，才會使腦部功能健全發育，變得聰明起來。

除此之外，父母可以在孩子的食物中添加動物腦、蛋黃等。雞蛋營養很豐富，蛋中所含的組氨酸、卵磷脂和腦磷脂，對大腦和神經系統的發育非常重要。

動物肝、腎臟富含鐵質。鐵質是紅細胞的重要組成成分，經常吃些動物肝、腎臟，體內鐵質充分，紅細胞可為大腦運送充足氧氣，能有效地提高大腦的工作效率。

在孩子的食物中，魚肉不可缺少。魚肉不但鮮美可口，而且鈣、蛋白質和維生素 B2、尼克酸含量高，魚肉中所含的脂肪是不飽和脂肪酸，它容易被人體所吸收，又能刺激大腦細胞的活躍性。

在孩子的膳食中，綠葉蔬菜不可少。蔬菜中的菠菜、芹菜和苦瓜不但含有豐富的維生素，也有健腦作用。胡蘿蔔含有大量以維生素A為主的多種維生素、無機鹽和鈣質等，營養豐富，被人們稱為"小人參"，是健腦的佳品。黃花菜富含蛋白質、脂肪、鈣、鐵、維生素B1，這些都是大腦代謝所需要的物質，因此，它被人們稱為"健腦菜"。

水果類應多吃橘子和香蕉。橘子含有大量的維生素A、B1、C，屬於鹼性食物，可消除酸性食物對神經系統造成的危害，對健腦益智大有幫助。香蕉能預防神經疲勞，香蕉中含有大量的鉀，它對維持人體細胞功能和酸鹼平衡以及改進心肌功能大有好處。

除瞭解和掌握各種食物的營養價值外，家長也要懂得合理組合和搭配食品，讓孩子的營養全面，而且要注意不要讓孩子挑食、偏食。

有些孩子只愛吃某些食物，卻不愛吃另一些食物，這其實是偏食的表現，偏食對孩子的生長發育很不利。因為自然界中，沒有一種或幾種食物能完全包括人體所必需的一切營養成分。因此，只吃一種或幾種食物，不可能滿足人體的需要。還有的孩子對食物很挑剔，即使是在一碗菜中也要挑出自己喜歡吃的部分，剔出不喜歡吃的部分，這就是孩子的挑食。偏食和挑食都是不良的飲食習慣，都不利於孩子的生長發育和身體健康，甚至對孩子的性格也是不利的，父母應及早糾正孩子的這些不良習慣。

　　父母在為孩子備辦飲食的時候，最好做到食品的色、香、味俱全，以此來刺激孩子的口味。在製作飯菜時，要儘量將菜做得均勻一些，做到色澤和諧、味道一樣，這樣孩子也就沒有挑食的餘地了。

第**6**種方法

保證孩子
充足的睡眠

　　人們經常用"貪吃貪睡不幹活"來責罵那些懶惰的人，好像睡覺是一件很壞的事情。然而科學研究證明，在大腦早期發育中，睡眠的功能之一就是鞏固清醒時的經歷對於大腦皮層可塑性的影響，將記憶長期儲存起來。

　　美國加利福尼亞大學三藩市分校的研究人員在實驗室中發現，在幼貓發育的關鍵時刻，睡眠極大地促進了大腦內部各部分之間的相互聯繫。他們將實驗貓分成兩組，然後讓其中一組實驗貓睡眠 6 小時，另一組實驗貓則不讓睡覺。結果發現，前一組實驗貓大腦內部發生變化的數量是後一組的兩倍。

　　可見，適度的睡眠是健康的保證，更是大腦健康的保證。這一點對成人如此，對於處在生長發育中的少年兒童更是如此。

　　一般來說，7 — 12 歲的孩子，睡眠應該在 10 — 11 個小時；12 — 17 歲的孩子，睡眠應該在 9 — 10 小時。家長要想讓孩子在課堂上集中注意力，就要保證孩子充足的睡眠。

　　法國科學家發現：孩子的學習成績與睡眠時間長短關係密切。凡睡眠少於 8 小時者，61％ 的人功課較差，勉強達到平均分數線者僅佔 39％，無一人名列前茅；而每晚睡眠 10 小時者，76％ 中等，11％ 成績優良，只有 13％ 功課較差。

　　現實生活中，許多孩子由於學習負擔重，因此，一到晚上便貪黑熬夜，學到深夜，早晨起來頭昏腦脹；有的孩子不能按時睡眠，結果早晨不能按時起床，即便勉強起來，頭腦也是昏昏沉沉的，一整天都打不起精神，有的甚至在課堂上伏桌睡覺。

作為學生，最主要的學習任務應該在白天完成，白天無精打采，必然效率低下。所以，應當按時睡覺、按時起床，養足精神，提高白天的學習效率。要想提高注意力，必須做到勞逸結合，在學習一段時間後，進行適當的休息。

科學家已經證實，每天都讓孩子學習到深夜並不是最佳的學習方法，這反而會讓孩子感到疲勞，逐漸喪失對學習的興趣。當家長發現孩子學習疲勞的時候，不妨教孩子變換一下學習方式、方法。例如，寫數學作業累了，可以讀課文或者背英語單詞、聽英文歌曲等，文理科目的轉換、思維方式和學習任務的改變都可以引起新的興奮點，幫助孩子提高注意力。

這裡給父母提出要求：父母應根據作息規律和孩子具體的情況，為孩子制訂一個睡眠的時間表，以保證孩子充足的睡眠。父母可以從以下幾點來做，養成孩子良好的睡覺習慣。

第一，給孩子規定睡覺的時間。

父母可以對孩子講清睡覺的具體時間，當睡覺的時間快到的時候，父母可以跟孩子聊聊第二天的活動，告訴孩子把第二天要穿的衣服找出來放在床頭等，當然，也可以在睡覺前給孩子講個童話故事，然後告訴孩子"該睡覺了"。

第二，睡前給孩子營造安靜、溫馨的氣氛。

說笑打鬧或者做一些劇烈的活動都會影響孩子按時睡覺。因此，父母要提前半小時讓孩子做安靜的活動，讓孩子放鬆下來。如果孩子睡前玩得太累，也會影響到孩子的睡眠。因此，在孩子睡覺前營造一種溫馨而舒適的氣氛，讓孩子感到寧靜而安穩，是孩子能夠按時睡覺的好方法。

第三，讓孩子從小養成按時睡覺的好習慣。

任何人都有這樣的願望，就是想知道自己下一步要做什麼，孩子同樣也不例外。如果讓孩子預先知道下一步要做什麼，他們就會在睡覺準備活動之時就想到上床睡覺的時間到了，久而久之，孩子就會養成按時睡覺的習慣。

在培養孩子養成按時睡覺的好習慣時，可以給孩子一定的獎勵。開始時，如果孩子能堅持按時睡覺，就要給予一定的獎勵，因為獎勵能讓孩子感到愉快，從而加強這方面的行為。如果孩子按要求做了，父母就必須按事先說好的條件給予獎勵，要做到言而有信。

第 **7** 種方法

給孩子
健全的愛

東東今年 13 歲，是初中一年級的學生，他曾經有過快樂的童年，在父母的愛護下無憂無慮地成長，聰明、活潑、可愛。

　　但是，好景不長，這樣的日子一去不復返了。

　　在東東上小學後，父母常因家庭瑣事發生爭吵，甚至相互毆打。父母每次吵架，東東都躲在牆角，用手捂住臉不敢觀望，有時還常在睡夢中驚醒哭喊。

　　從此，東東變得膽小、寡言少語。東東的腦海裡整天想着父母的事，每到上課的時候，父母吵架的場面常在他的腦海裡縈繞浮現，他根本沒把注意力放在老師講課上面。

　　在東東 10 歲時，父母離了婚，他此後隨父親生活。

　　東東忍受着失去母愛的痛苦，時常想起和媽媽在一起的情景，為此常常傷心流淚。

　　東東在學校也變得更加孤僻、寡言少語、注意力不集中、厭學，同學也不和他玩，他越發不願意和人接觸，最後只有休學。

　　東東上課不能注意聽講，甚至厭學，不能上學校，是因為處在較嚴重的抑鬱狀態下，不能自拔，其主要原因還是父母關係長期不和、離婚造成的。

　　孩子在成長的過程中需要一個和諧安寧的家庭環境，父母關係長期不和及分離，對孩子的心理和智力發育有着深遠的影響。

　　國內外很多研究表明：離婚對兒童的注意力發展、學習成績、認知發展和個性發展都有着消極的影響。家庭氣氛不融洽，夫妻陷入彼此的感情糾葛，無暇顧及孩子的興趣和能力，使孩子得不到家庭的溫暖，加之同學的譏笑等，都會給孩子的心理造成不良的影響。

蘇聯教育家馬卡連柯曾說："缺乏母愛的兒童是有缺陷的兒童，完全沒有母愛或缺乏母愛，會使孩子心理上沒有穩定感，會產生情緒、人格障礙，這些孩子多表現孤僻、冷漠、離家出走、注意力不集中、學習成績差、多動、說謊等。"

如果遇到夫妻關係不和及離異的家庭，父母應該怎樣對待孩子呢？

首先，父母應根據具體情況對孩子進行心理上的安撫，幫助孩子理解父母離婚的處境，讓孩子體會到父母雖然離婚了，但仍然深愛着他。當然也可以根據孩子的性格特點、年齡等因素，以孩子最能接受的方式，平靜、真誠、耐心地向孩子解釋造成家庭不完整的原因，求得孩子的理解，並教會孩子應付各種有關的詢問，保護好孩子的自尊和自信。

父母一方要幫助孩子充實生活，抽時間多陪陪孩子，幫助他們解決學習上的問題。

此外，父親或母親要幫助孩子多交朋友，鼓勵孩子把同學請到家裡來玩，以彌補親情上的不足，使他們的身心能夠快樂健康地成長。

　　當然，從孩子正常人格的形成角度來講，父愛和母愛缺一不可。缺少父愛，孩子就會表現得懦弱、多愁善感、自卑、缺乏毅力等；而缺乏母愛，孩子會表現得孤僻、冷漠、缺乏愛心和同情心、心胸狹隘等。所以，對於離婚後單親家庭的父母來說，要特別注意彌補孩子由於缺少父愛或母愛所帶來的消極影響。

第 **8** 種方法

支持
你的孩子

　　中國的父母都有望子成龍的美好心願，而望子成龍在一些父母那裡卻變成了逼子成龍。父母們強迫孩子去考高分，強迫孩子進名校。這種強迫無形中增加了孩子的學習負擔和心理負擔，甚至對孩子的心理造成傷害，使本來活潑聰明的孩子，變得鬱鬱寡歡，對學習產生了恐懼感。

　　我們來聽聽上初二的小軍是怎樣描述他的父母的。

　　我的爸爸媽媽對我真好，總怕我吃不好、穿不暖。天一涼，就把衣服送到學校，不管多忙，都要到學校來接我，可我就是覺得不開心。為什麼？他們總是叫我讀書、學習、學習、再學習。他們總拿他們自己的例子勸告我，因為他們讀書不多，這輩子才找不到好的工作，所以要我拚命讀書，將來才有好的前程。他們都打算好了，只要我學得好，將來就能到美國去唸書，他們就是砸鍋賣鐵，也無怨無悔。

　　剛開始，我學習很下工夫，成績也排在班級的前十名，但是，父母還是不滿意。他們從不打罵我，但他們的表情很讓我失望，為我的不爭氣常常歎息。

　　我也罵自己笨、真笨。我躲在自己的屋裡狠抽自己幾個耳光，恨自己怎麼這樣沒有出息，讓父母這麼失望。真想對父母說：「你們的兒子一點也不聰明，你們就饒了我吧……」但是，到了父母面前，我又把話嚥了回去，我怕看到父母絕望的眼神……

有一段時間，我感到自己快要發瘋了。真想逃到一個無人的地方大哭一次，父母從不打我，卻總是在強裝的笑容後，隱藏著對我的失望，我倒希望父母把我痛打一頓……

有調查表明：87% 的孩子學習困難的原因不是智商和學習能力的因素，而是情緒因素。而孩子的情緒直接影響到孩子對外界事物的感知、記憶和邏輯思維的過程。在父母的逼迫下，孩子會出現厭學、考試焦慮、學校恐懼、自卑、受挫、自我形象貶低、缺乏興趣、憂鬱、壓抑等情緒，學習與做事都無法集中精力。這就是為什麼有的父母為孩子大投入卻收效甚微的原因所在。

獲得諾貝爾物理學獎的李政道，出生於一個中國知識分子的家庭，他的父母對子女的教育也十分盡心。為了使兒女們在數學、英文和國語方面有堅實的基礎，父親專門聘請了家庭教師，對孩子進行早期教育。父親還為孩子們請了武術教練，教孩子習武強身，讓孩子們都有個健康的體魄。在這種良好環境的薰陶下，李政道的學習和身體都有很好的基礎。

抗日戰爭時期，日寇佔領了上海，學生無法上課，但李政道的父親為了不耽誤孩子的學習，他先把孩子們送到浙江，後又轉到江西。到江西後，孩子們與家裡失去了聯繫。母親放心不下，只好孤身一人在戰火紛飛中不顧危險，千里迢迢到江西看望孩子們。

　當孩子們見到風塵僕僕的母親，一下子都擁到母親身旁，可母親問他們的第一句話是："你們在這裡學得怎麼樣？功課成績如何？我和你爸爸都是望子成龍的呀！"

　成名後的李政道常說："作為父母是應該望子成龍，但要讓孩子知道父母相信孩子能夠成才，孩子需要這樣的支持。"

　父母對待孩子應該是"望"而不是"逼"，要用正確的家教方法、熱情的態度，教育孩子健康成長。望子成龍首先應該為孩子創造良好的學習條件，同時要合理評價孩子的能力，根據孩子的能力來設置目標。父母千萬不可過於苛求孩子，這樣會使孩子在過高的期望下體驗不到成功的樂趣，失去對學習及周圍事物的興趣，進而變得無所事事、碌碌無為。

第 **9** 種方法

家長
要做好榜樣

常常聽一些家長說自己的孩子如何不聽話，如何不喜歡上學，如何與老師鬧彆扭，上課如何三心二意，做作業如何磨蹭，其實這不光是孩子的錯，孩子的態度多半與家長的教育方式相關。

兒童在其成長的過程中會逐漸形成自己的認知，在孩子小的時候，父母在他們心中是最強大的，最具權威的，所以在日常生活中孩子總以父母為模仿的對象。

等孩子上了學，老師又成為孩子心目中的第二個權威，孩子掛在嘴邊的一句話就是："我們老師說的！"但是，不管教師在孩子中的威信有多高，家長在孩子心目中的地位仍然非常重要，孩子會通過觀察家長的行為舉止進行模仿學習。因此，在教育學理論中就非常強調家庭對孩子的學習、對孩子注意力發展等影響的重要性。

有調查表明，許多學業不良，經常翹課、曠課的不良兒童缺乏良好的家庭學習氣氛。一些家長滿嘴髒話，對知識不重視，還經常約一些人晚上打牌、閒聊等，試想一下處於這種家庭環境中的孩子怎麼能把注意力放在學習上，又怎麼能安心學習？

一般來說，家長對學習的興趣與認識，對學校、對教師的態度等，對兒童的學習積極性、學習態度以及注意力的發展都有一定的影響。

首先，父母愛學習、求上進、尊重文化、有教養、作風民主、舉止文明，就會給孩子提供積極的榜樣作用。

特別是家長的學習興趣，在一定程度上直接影響到孩子的學習興趣、學習態度，以及學習時的專心程度，從而間接地影響了孩子的學習成績。孩子如果生長在一個充滿學習氣氛的環境中，就很容易萌發一種自發的學習需要，以致形成一種自覺學習的行動，而在這種自覺的學習行為中，孩子很容易養成專心學習的良好習慣。因此，家長應以身作則尊重文化、好學上進，以自己的言行薰陶子女。

其次，家長為孩子樹立好的榜樣，還要注意對學校、對教師持肯定的態度。

家長要多向孩子講述自己小時候在學校的趣事，多向孩子傳達一些自己小時候對學校的美好嚮往及一些美好記憶，努力培養孩子對學校的情感。如果家長給孩子傳遞的是學校生活枯燥無味、自己不願上學的消極信息，可以想像孩子對學校的概念是什麼樣的。

日常生活中，我們總能聽到有些父母說"你就玩吧，等上了學有你好看的"，"現在沒人管你，等上了學就會有老師來管你了"之類的話，其實，父母的本意是想讓孩子珍惜時間，沒曾想，這樣的話告訴孩子的潛台詞是："學校生活是很痛苦的。"而這種負面的信息會在孩子的心中留下陰影，影響到孩子對上學的渴望，當然就會影響到孩子的學習興趣。

　　再次，家長可以根據經濟情況和孩子的興趣，買一些書籍在空暇的時間來閱讀，一方面可以拓寬自己的知識面，另一方面也可以書中的內容為話題與孩子進行交流，這對促進孩子的學習以及做好孩子的榜樣都非常重要。家長只有不斷更新思想、更新知識結構，對孩子的影響才有效。

　　另外，家長也要注意保持家庭裡的整潔有序，注意用完東西就放回原處，以培養孩子注意整潔的習慣。這不僅能使學習環境保持整潔有條理，而且可以節省尋找學習用品的時間。比如：在學習前把課桌上與學習無關的東西都收乾淨，只留下學習用品、書籍、作業本等，以避免分散孩子的注意力。如果孩子的學習用品亂放，各種東西雜亂無章地放在一起，想要學習時，半天都找不齊，這樣既浪費學習時間，又影響學習情緒，降低了學習效率，還容易分散孩子的注意力，實在是有害而無益。

　　總之，家長的言行對孩子的影響至關重要，家長的言行舉止、行為方式對孩子的成長起着舉足輕重的示範作用。因此，家長要培養孩子良好的習慣，首先要從自身做起。

寬容地
對待孩子的
注意力分散

　　小波的媽媽總是為孩子上課不注意聽講的問題操心，因為小波上課的時候不是在擺弄文具、看課外書，就是和別的同學說話。讓媽媽欣慰的是，小波的學習成績還不錯，考試成績總保持在班上前五名。但是，媽媽還是擔心孩子到了小學高年級或中學，這種注意力不集中的習慣會使學習成績下降。

　　生活中確實有一些像小波這樣的孩子，他們並不是"不聽講"，只是比別的孩子更會聽講。他們在聽課時善於抓住老師講課時的語言點、重點。老師一說"同學們，大家注意了，看看這道題應該怎麼做，從哪個角度去思考"或者"這個記敘文的思路應該是什麼？寫這類文章時，應該注意哪些方面"他們馬上就會抬起頭，認真地把老師上課的重點聽好、抓好。其他的時間，因為他們已經聽會了，自然"你講你的，我玩我的"。在別的孩子看來，他總是玩，考試成績卻能很優秀。實際上，這種孩子並不是注意力差的孩子，而是他們善於抓住重點，只有少部分非常聰明的孩子才能夠這樣，父母不能強求所有的孩子都能做到這點。

　　但是，許多父母往往沒有意識到這一點，以為自己的孩子注意力不集中。於是，父母們總是很"好心"地不斷提醒孩子："注意力要集中！""不要開小差！""你怎麼總是不聽老師講課？"等等，結果，過多的責罵和提醒反而導致孩子產生了逆反心理，孩子反而會出現注意力不集中的情況。

因此，父母要正確識別這類孩子的特點，根據孩子的情況，弱化對孩子的批評和提醒，幫助孩子提高注意力。

　　一般來說，這類孩子具有以下幾個特點：

　　一、孩子無論在上課還是與人交談時，都能夠很快抓住重點，領會意思，並給以相應的反應。

　　二、孩子在家做功課或其他事情時，都能在較短的時間裡，效率較高地完成工作。

　　三、不用家長太多的指導，孩子的學習成績一般比較優秀。

　　四、孩子的思維活躍，愛思考，遷移能力較強，做事能夠舉一反三。

　　如果你的孩子確實具有這些特點，那麼，你就不必要太擔心他會由於注意力不集中而造成學習成績下降。孩子會自己調節自己的注意力，在該注意的時候注意，不必注意的時候休息，這樣，注意的品質會比較好。相反，如果你硬性要求這類孩子長時間注意力集中，到了真正該聽的重點部分，他反而會感到疲倦，聽不進去。

　　當然，對於這類孩子，父母要告訴孩子，作為學生，要學會尊重他人、尊重老師，遵守課堂紀律，並學會在聽懂老師講課的情況下自己做題、複習。在家裡，父母可以用一些新穎並有一定難度的知識來激發孩子的求知慾，並引導孩子在學習時不只滿足於"會"，而要努力尋找多種方法、最好的方法解決問題，從而更好地培養孩子的注意力。

親子活動

給媽媽的禮物

家長帶着孩子去野外遊玩。在遊玩時,鋪開紙張,讓寶寶在大自然斑斕色彩的刺激下,手指蘸着顏料,畫一幅畫送給媽媽。隨便孩子畫什麼,媽媽都應該高興地接受。這樣,孩子會很樂意對自己毫無束縛的作品反復修飾,因為是給媽媽的禮物,他的態度絕對鄭重其事,一絲不苟。這樣訓練的目的也就達到了。

親子感悟:

大自然的藝術薰陶,自由揮動"指筆"的創作心情,使孩子將注意力集中於自己感興趣的事物上,從而能夠創造出獨特的美,手指的精細動作對大腦的發育也很有幫助。

第 ② 章

善於調節孩子的情緒

對什麼都有興趣的人是討人喜歡的人。但是幹事業，就應在一定的時間內，專心致志於一個目標。

——法國作家 莫洛亞

培養
樂觀開朗
的孩子

《北京晚報》上曾經刊登過這樣一封學生公開信：

我們的語文老師在開學之初自我介紹時說過這樣幾句話："我的耳朵很靈，眼睛特別尖，你們的一舉一動，說過的每句話，我都知道得非常清楚，所以你們最好老實點，別想耍花樣！"還說，"我教了多年書，你們的心思我早摸透了，別給我玩什麼貓膩，我治人的方法有的是，一招比一招損，有不怕死的就試試！"

這哪裡是教育孩子，這簡直就是監視孩子嘛！教育者如果以這種姿態出現在孩子們面前，顯然，孩子們是不會喜歡他的，教育自然很難起到作用。更重要的是，如果有這樣的老師或者父母，孩子們將會十分不快樂。

現在城市中的樓房又阻隔了人與人之間、家庭與家庭的交往。父母一般不放心孩子自己出門去玩，孩子與外界接觸的時間更少了，不少孩子變得孤僻、不合群，注意力不集中等。如果父母再不信任孩子，不讓孩子有人際交往等，那麼，孩子就會產生沮喪、失落、消沉等負面情緒，從而影響孩子的注意力，嚴重的還會影響孩子的心理健康。

孩子的天性本是活潑開朗的，對於培養活潑開朗的孩子，父母是可以做到的。

志純出生在一個知識分子家庭，爸爸是一家化工研究所的副所長，媽媽是一位知名的作家。良好的家庭背景和父母活潑開朗的性格使小志純在快樂活潑的氣氛中度過了童年。

　　小志純剛出生的第二天，爸爸就給她買來了彩色的氣球、小搖鈴、一捏就能發出聲音的大公雞等。他們把氣球掛在孩子眼睛的上方，把小搖鈴、大公雞等放在孩子的小枕頭旁邊。幾天後，他們就有意識地讓孩子觀察氣球，訓練孩子的視力；搖動小搖鈴，捏捏大公雞，訓練孩子的聽力。由於孩子比較健壯，小眼睛比較靈活，不到 20 天，小志純就能把臉轉向發出聲音的地方，而且還能盯著上面的彩色氣球看個不停。

　　小志純稍大一些，父母就開始給她買孩子最喜歡的圖書。《世界著名童話故事》、《世界著名神話故事》、《世界著名寓言故事》、《孫敬修爺爺講故事》等擺滿了孩子的小書架。

　　書裡那些善良、聰明、擬人化的小動物以及誠實、開朗、勇敢、樂觀的孩子，成為小志純成長過程中學習的榜樣。正是由於早期的閱讀，她上課注意力集中，取得了令同齡孩子羨慕的好成績。

　　志純的父母認為：一個活潑開朗的孩子，總能對自己的能力充滿自信，容易和周圍的人友好相處，課堂上能專心聽講，並且對未知的事物有著強烈的探索慾望。因此，父母有意識地培養孩子活潑開朗的性格。

志純的父母無論工作多忙，每天總要抽出一些時間和孩子遊戲娛樂，在遊戲中與孩子交流感情。在和父母的遊戲娛樂中，孩子能學到一些與人交往的知識和技巧，特別能體會到父母對自己的關心和愛護。這樣，孩子在與同伴交往時會更輕鬆，也增強了與他人交往的信心。

可見，父母要保持樂觀友好的態度，不要動不動就責罵孩子，更不要給孩子貼標籤，諸如"注意力不集中"、"學習困難"等，都容易導致孩子產生沮喪的情緒，影響孩子的注意力。

父母要為孩子創造與同齡人交往的機會，比如，帶孩子一起到鄰居家串門，邀請其他孩子到自己家裡來做客，讓孩子在適當的時候去同學家、鄰居家玩，讓孩子參加與同伴的遊戲等，這些對於孩子活潑開朗性格的形成大有好處。

另外，父母要多留心孩子情緒上的變化。當孩子悶悶不樂時，無論多忙，也要擠出時間和孩子交談，鼓勵孩子表達自己的心境。當孩子不肯輕易表達或者無法確切地表達自己的心境時，父母可以想一種辦法來轉移孩子的注意力，如拿出孩子平時最喜歡的玩具、圖書，或帶孩子去公園、郊外散步。自然界的景色無疑會分散孩子的注意力，使其在獲得新的樂趣的同時，自然忘掉過去的不愉快。

第 **12** 種方法

不要經常
斥責孩子

有一位女學生，她的父親是一位計程車司機，脾氣非常暴躁，以為把錢賺回來，能養活家人就算盡了做父親的責任，所以他只想著把錢掙回來，從來不曾關心孩子的成長。

　　父親每天回到家裡，看見她的第一句話總是指責，從來沒有給過笑臉，卻總是挑剔孩子的毛病。她越來越不喜歡她的父親，甚至於怕她的父親，躲避她的父親。

　　後來，她變得自卑、多疑，老是感覺人家在背後議論她，學習也靜不下心來，無法做到專心聽老師講課。從初一到初三，她從來沒有和任何同學說過心裡話，常常有非常煩悶的感覺，做事情也沒有熱情，總覺得做什麼事情都沒有意思，甚至有時候覺得自己還不如死了好。

　　父母的態度對孩子的影響是非常重大的。在孩子年幼的時候，往往因為父母的一句話而暗自努力，也往往會因為父母的一句話而失去信心，從而產生自暴自棄、破罐子破摔的消極態度。如果父母經常斥責孩子，就會讓孩子感到不安、多疑，注意力不集中，缺乏自信，無法安心學習。因此，在日常生活中，父母要注意自己的語言藝術，不要經常斥責孩子，要把斥責變為鼓勵。

　　有這樣兩位孩子，他們做作業時總是不專心，但是，他們的媽媽採取了兩種截然不同的態度，效果自然大相徑庭。

　　讓我們來看看這兩位媽媽是怎麼做的。

第一位媽媽發現孩子做作業一點也不用心，作業做得錯誤百出，一氣之下，把孩子的作業本撕掉，讓孩子重新做，並且訓斥孩子說："跟你說多少次了，你怎麼不長記性，讓你專心做作業，可你看看你錯了幾道題，你給我重寫！"

　　孩子拿着作業本，看着被媽媽撕掉的作業很是生氣，嘴裡嘀咕道："我就是不給你好好寫，看你能撕多少。"

　　生氣歸生氣，可是作業還得交給老師，孩子只好重寫。但是，孩子心裡憋着一口氣，心思更無法集中在作業上，還不如上次。媽媽見了又要撕，可一看錶，都 10 點多了，沒辦法，只好這樣了事。

　　而另一位媽媽看見孩子做作業三心二意，雖然也很生氣，但她控制住了自己的不滿情緒。她知道，越是訓斥孩子，孩子會越逆反，反而會更不認真。

　　於是，媽媽對孩子說："你今天的作業做得很馬虎，這樣老師會認為你不認真做，那這個星期的小紅旗，你還會得到嗎？如果讓你重寫，你可能不情願。可媽媽還是希望你能重新再做一遍，因為媽媽相信，你第二遍肯定會比第一遍做得更好，做得更認真！"

　　孩子聽了媽媽讚揚的話，就對媽媽說："媽媽，我再重新做一遍，這次我肯定用心地去寫，保證不出現錯誤。"

　　孩子寫完作業讓媽媽檢查，媽媽認真看過後，說："我家孩

第 **13** 種方法

引導孩子
放鬆身心

　　一位家長，由於客觀原因沒有機會上大學，他就希望自己的孩子能成為有知識、有出息的人。

　　這種想法本來無可厚非，但是，這位家長對孩子要求很高，管得很嚴。孩子在家長的督促下，學習一直很努力，學習成績也一直不錯。

　　儘管如此，這位家長對孩子的學習還是放心不下，時時提醒孩子要爭氣，並不斷給孩子提出更高的要求。

　　"你要給父母爭光呀！"

　　"你一定要考上大學呀！"

　　"你必須名列前三名呀！"

　　……

　　這位家長要求孩子必須在班級裡是前三名，有時，孩子達不到家長的要求，他們就冷言冷語地譏諷孩子，還經常警告孩子，如果不按家長的目標奮鬥，就上不了大學，就是給父母的臉上抹黑。

　　家長的做法讓孩子的心理蒙上了陰影。孩子也很懂事，認為考不上大學，就對不起自己的父母。但同時又感到困惑，是家長不信任自己，還是自己真的不行？

　　久而久之，家長不斷的埋怨、批評，讓孩子感到沉重的壓力，又不敢對父母講，因為孩子與父母之間的話題只有學習和成績。於是，孩子逐漸喪失了對學習的信心，高中畢業時，這個孩子已經沒有了參加高考的勇氣。

在一些家長的觀念中，以為孩子只有緊張、緊張、再緊張，才能激發潛能，學出好成績。殊不知，孩子不像成人那樣善於自我調節，他們不懂得如何把壓力轉化為動力。如果孩子的生活被塞得滿滿的，其結果必然會讓孩子徒增壓力，學習也會變成一種負擔。

就像在課堂上，為什麼有的孩子能夠始終注意力集中，而有的孩子的注意力卻不能集中呢？除了有沒有學習的目標、興趣和自信之外，還有一個就是善不善於排除自身的干擾。

有時候，一個人要排除的不是環境的干擾，而是內心的干擾。環境可能很安靜，比如在課堂上，周圍的孩子都坐得很好，但是，如果孩子自己內心有一種騷動，有一種干擾自己的情緒活動，有一種與學習不相關的興奮，那麼，他就不可能集中注意力。

對各種各樣的情緒活動，每個孩子要慢慢學會將它們放下來，予以排除。有的時候，並不是周圍的人在騷擾，而是自己心頭有各種各樣浮光掠影的東西。要去除它們，這種抗干擾的能力是要訓練的。

父母可以通過下面的全身放鬆訓練來幫助孩子排除內心的壓力和干擾。

　　讓孩子舒適地坐在椅子上或躺在床上，然後向身體的各部位傳遞休息的信號。

　　先從左腳開始，使腳部肌肉繃緊，然後鬆弛，同時暗示它休息，隨後命令腳脖子、小腿、膝蓋、大腿，一直到軀幹部都休息。

　　之後，再從腳到軀幹。

　　然後，從左右手放鬆到軀幹。

　　接着，再從軀幹開始到頸部、到頭部、臉部全部放鬆。

　　然後，將內心各種情緒的干擾隨同這個身體的放鬆都放到一邊。

　　這種放鬆訓練的技術，需要反復練習才能較好地掌握，而一旦孩子掌握了這種技術，就會使孩子在短短的幾分鐘內，釋放壓力，達到輕鬆、平靜的狀態。

　　或許家長也感到自己很忙很累，原本純淨的心靈被生活的壓力包圍着。不知家長是否意識到，你這種忙亂的感覺也會影響到你的孩子，而且孩子們的許多壓力其實是由父母製造出來的，所以，要想讓孩子放鬆身心，家長也要想辦法讓自己放鬆。

　　如果家長習慣於未雨綢繆，心裡總是充斥着不安和緊張，那麼許多生活中的驚喜就會被你忽略了。倒不如給自己安排出一個安靜的時間，坐下來和孩子談談心，討論一下這幾天過得怎麼樣，有什麼感覺。或者晚飯後和孩子一起出去散步，這既放鬆了自己，自然也減輕了孩子的壓力。

　　另外，父母可以在家中養一些小鳥、小狗、小貓、小兔子、小烏龜等小動物，讓孩子認識動物的習性後，幫助父母照顧這些小動物，一方面可以培養孩子愛護、照顧動物的責任感，另一方面也可使孩子的身心得到放鬆。

　　父母也可以在家中養一些植物或盆景。孩子對植物都有好奇心，也有興趣觀察它們。父母通過給家中的植物或盆景澆水、摘除敗葉、施肥等活動讓孩子認識植物，在辨認植物的顏色、香味，葉片的形狀的過程中，使情感愉悅，使身心放鬆。

　　這種放鬆訓練不僅可以讓孩子放鬆身心，而且可以促進父母與孩子之間的關係，讓父母成為孩子的朋友。

第 **14** 種方法

讓孩子
學會正面的
自我暗示

瓦倫達是美國一位著名的高空走鋼索的雜技演員。在一次重大的表演中,瓦倫達不幸失足身亡。

事後,他的妻子是這樣說的:"我知道他這一次一定會出事,因為他上場前一直在不停地說:'這次表演太重要了,我不能失敗!'以前每次表演前,他從來不曾這樣在意過,從來不曾這樣緊張過,他只想着走鋼索這件事的本身,而不會去考慮這件事可能帶來的後果。"

後來,人們把不能專心致志於事情的本身,而考慮事情可能帶來後果的心態稱為"瓦倫達心態"。

事實上,大部分人都會有這種心態,孩子的這種心態往往更嚴重。許多孩子知道自己有粗心大意的毛病,而且家長也會不斷提醒孩子不要粗心,因此,每次到考試的時候孩子就會尤其緊張,而過分緊張又會導致孩子更粗心。

針對孩子的這種狀況,父母不要經常提醒孩子有粗心大意的毛病,而要有意忽視孩子的粗心,加強孩子對感覺的訓練,在孩子沒有粗心的時候及時給予鼓勵和表揚,讓孩子不斷體驗成功,促進孩子更加認真細心。

對於粗心大意的孩子,父母可以給孩子一個本子,讓孩子把每次作業中的錯題抄在本子上,並找出錯誤的原因,寫出正確的答案。這個本子實際上成了孩子集錯本。孩子在分析錯誤的原因時會發現，大多是因為自己的粗心大意造成的，這樣有利於孩子認識到錯誤的危害，下決心改正。讓孩子記錄自己的錯誤，是孩子進行自我教育的最好的辦法。

另外，父母要教育孩子，打草稿時字跡要寫得清楚，不要太潦草，許多孩子的粗心大意就是因為在草稿上做作業時馬馬虎虎，造成考試等重大事件時也是粗心大意。所以，父母要教育孩子從草稿開始就要嚴肅認真，寫得清清楚楚，這有利於克服粗心大意的毛病。

當孩子參加一些競賽、考試等富有挑戰性的活動時，父母要教孩子在心裡暗暗提醒自己："自信，沉住氣，我會取得成功的。"這樣，孩子就增強了自信，情緒就會恢復平靜，避免不良情緒造成的消極後果。

小冉就要參加高考了，考前的第一次模擬考試，小冉考得很不理想，回家後，小冉哭着告訴媽媽自己的成績不理想。

媽媽對小冉說："依你現在的考試成績，上個大專已經沒有問題。現在離高考還有兩個月的時間，只要你努力，奇跡有可能會發生在你身上。"媽媽還告訴小冉"要相信自己"，並進行正面的自我暗示，比如"學習對我很容易"、"我相信自己的實力"，每天在自己的心裡認真地多念幾遍，就會增強自己的信心。

小冉照着媽媽說的去做，結果發現自己的心態非常好。這種

正面的自我暗示一直堅持到高考結束，結果，小舟考上了自己理
想的大學。

　　其實，這不是奇跡的發生，而是自我暗示的結果。
　　自我暗示要用正面積極的語言。比如說"我一定能成功"，
而不說"我不可能失敗"；說"學習對我來說很容易"，而不說"學
習並不難"。因為正面的自我暗示在人的頭腦裡種下的是成功的
因數，潛意識就會指揮你去爭取成功；而後者種下的是消極的種
子，大腦的潛意識會為自己找失敗的藉口。不要低估消極心態的
排斥力量，它能阻止你積極地爭取成功。用積極、健康、正面的
暗示來幫助自己，阻止有害的、消極的暗示。

第 **15** 種方法

不要給孩子
不良的暗示

一個暖融融的春日下午，小明又一次被媽媽帶進了醫院，坐在心理醫生面前。

剛剛坐定，媽媽就開始訴苦說："我生小明的時候不太順利，醫生給他吸了氧，還告訴我孩子以後可能會有一些智力上的問題，也可能有其他的問題。"

媽媽歎了一口氣："他今年都9歲了，和別的孩子就是不一樣。先天不足，智力有問題，又不專心，板櫈沒坐熱，就不知到哪裡去了，學習成績別提了，班級裡的後五名，真不知道他以後會怎樣。"

媽媽越說越激動："我帶他去了不少的醫院，也作了檢查，也沒查出是什麼毛病。"

"我估計還是他腦子有毛病，生他的時候落下的病根。"媽媽反復強調說。

當醫生把目光轉向小明時，小明正在看窗外的小麻雀，有點無動於衷。

媽媽推了推小明，小明不假思索地說："媽媽說我腦子有毛病，我也覺得是，上課也不能專心聽課，所以成績不好，我也挺着急，可也不知怎麼辦好。"

不等小明把話說完，媽媽又對醫生說："醫生，你說這孩子可怎麼辦才好？"

但是，在心理醫生看來，小明的"病情"並不是什麼智力問題。果然，經過智力測定，小明的智力水準完全正常，不存在智力低下的問題。

那麼，為什麼小明不能把注意力放在學習上？

事實上，小明學習成績不好，完全是由於媽媽不良心理暗示的結果。而媽媽又是接受了醫生的"這孩子很可能出現智力問題"的不良暗示。種種不良的潛在心理暗示，人為地給小明造成了種種困擾，使小明的心思不能集中在學習上。

每個孩子在學習和生活中總會接受這樣或那樣的心理暗示，這些暗示有的是積極的，有的是消極的，而一些敏感、脆弱的孩子就容易接受暗示。如果長期接受消極和不良的心理暗示，就會使孩子的情緒受到波動，給孩子的學習和生活造成一定的負面影響。

上例中的小明就是因為長期受到不良的心理暗示，導致注意力不能集中，以致學習成績不斷下降。施加不良心理暗示的人往往是被暗示者身邊最愛、最信任和最依賴的人，比如母親或者父親，如果父母長期對孩子施加不良心理暗示，必然會影響孩子的認知思維過程，使孩子形成不良的心理反應和行為模式。而對於缺乏辨別能力的孩子來說，不良的心理反應更易於形成和固定下來，嚴重的甚至會影響到孩子一生的發展。

作為父母和老師，對於孩子正常發展具有很重要的作用，尤其是父母，一言一行都會對孩子的心理和發展起到促進或抑制的作用。所以，不管在什麼樣的情況下，父母都要儘量給孩子積極健康的心理引導，讓孩子形成正確地認識自己和評價自己的能力。

第 **16** 種方法

給孩子
交往的自由

　　20 世紀 50 年代，美國著名的心理學家黑伯做了一個著名的感覺剝奪試驗。

　　他讓一些自願參加試驗的大學生單獨待在一個黑屋子裡，讓他們盡可能長久地躺在床上，只在吃飯和上廁所的時候才可以起來。參加試驗者不能看電視、報刊，不能聽廣播，不允許交談，總之，他們與外界環境的交流都被隔斷了。

　　開始的時候，大學生覺得只要能吃飽，有水喝，可以天天躺在床上睡覺，還可以在安靜的環境裡思考問題，這沒什麼了不起的。但是，他們很快就感到無聊、煩躁，有的甚至產生了幻覺。

　　最後，黑伯對解除了隔離的學生進行測試，讓他們進行簡單的算術和組詞遊戲。

　　結果表明：被隔離的時間越長，他們就越無法集中注意力，自然測試的成績很差。隔離狀態下的腦電波比隔離前明顯減慢，剛解除隔離狀態時，被試者常常產生感覺失真，腦電波要經過幾個小時才能恢復正常。

　　這個實驗說明，人是有交往需要的。人如果沒有正常的交往，人的正常的心理和生理健康都會受到嚴重的影響。心理學家把這種與他人保持來往、建立聯繫的需要稱為"親和需要"。

　　孩子們之間的相互交往，加深了自己與小夥伴之間的感情，從而使孩子避免出現由於孤獨寂寞而產生的焦慮。如果孩子的交往得不到滿足，就會造成一些不良的後果。

有一個人由於個人生活曾經遭遇過挫折，患有強迫症。等他自己有了孩子後，他怕自己的孩子受到欺負，就將三個孩子一直關在家裡，不讓他們出門。

後來，當人們發現這一情況時，最大的女兒已經 19 歲了，小兒子也已經 11 歲了，但他們的智力年齡卻只有 5 歲、1 歲。

可見，交往對孩子多麼重要。有些父母認為孩子的首要任務是學習，即使在學習間隙，也不能出去玩耍，這種為了安全、為了學習，而把孩子封閉起來的做法實在不可取。

父母一定要鼓勵孩子與同齡人及外界交往，並給孩子提供各種交往的機會。比如，父母可以邀請鄰居或朋友家的孩子來玩，買一些孩子們喜歡的玩具和活動用品，供孩子們一起享用。父母可以帶孩子去參觀、遊覽等，讓孩子有意識地去接觸其他人。

當然，父母也要教給孩子一些必要的待人處世的方法。比如，要有禮貌，要善於傾聽他人，關心他人，要講信用，等等。

在人際交往中，孩子會產生自尊和自信感，這種良好的感覺會激發孩子積極面對人生的態度，從而保持良好的情緒，注意力也會比較集中。

第 **17** 種方法

讓孩子
學會積極溝通

　　小果今年 15 歲，初中二年級的學生，上小學期間，成績優異。

　　上初中後，小果的性格變得內向，平時在家裡也不願和父母交流，但是，學習成績依然優秀，初中一年級時，期末考試為全年級的第 20 名。

　　可是，自從上了二年級後，小果變了，每天上學回家後，常常半天也不說一句話，有時默默歎氣，或獨自流淚，飯量也明顯地減少，最近考試成績也下降到全班第 30 名。

　　孩子為何變得這樣？是什麼原因？

　　媽媽看到這種情況也很焦急，只有帶小果來看心理醫師。

　　醫師耐心地與小果進行了很長時間的心理交流。小果把自己心中的苦悶講給醫師：

　　"我剛上初中時，也暗下決心，一定要刻苦學習，初中畢業後，爭取考入重點高中。初一時，心情很好，有什麼事情也願意和同學說，每天總是無憂無慮地學習，學習成績很好。上了二年級，任課老師換了，我不習慣這位老師的教學方法，每次上課先提問，答不上來我感到無法面對同學和老師。

　　"有一次，我數學題沒做對，老師讓我寫十遍。我想不通，從小學到現在，老師從未讓我重寫過作業，數學老師的形象在我的心中一落千丈，從此，我再也不願學習數學。上數學課時，不願聽講、作業不完成，數學成績明顯下降。

"數學不好也帶動其他學科成績開始下降。後來,上其他課時,我也不能注意聽課,情緒變得低沉,每天早上起來,都勉強去上學,在學校裡,不願面對同學和老師,坐在教室裡頭昏昏沉沉,老師講的課一點也聽不進去,對學習再也不感興趣了。"

小果目前存在的情況多為情緒問題。心中的疙瘩解不開,也不願對同學、老師和家長說。加上孩子進入初中,課程較多,父母對孩子的期望值過高,有的孩子經不住老師的批評,對批評他的老師講的課,產生了消極心理,不願聽講,又不願把心裡的不滿講給別人聽,致使心情鬱悶,學習成績當然下降。

孩子可能不會意識到自己的情緒低沉會影響自己的學習狀態、注意力的集中程度,也意識不到自己的低沉情緒可以通過及時、積極的溝通得以緩解,並予以消除。但是,作為父母,我們要重視孩子存在的消極情緒問題,要經常與孩子進行心理上的溝通,知道孩子在想什麼,哪些方面遇到了問題,家長要及時地發現問題並給予矯正。

我們來看看這位父親是如何同孩子進行溝通的。

全國十佳少先隊員、北京小學生華卉,一次被知心姐姐盧勤請到廣播電台,和她一起主持"家教諮詢熱線"節目,主題是"孩子眼中的媽媽"。

　　在交談中，知心姐姐發現華卉總喜歡談論她的爸爸，而且她對爸爸現在的事情，甚至小時候淘氣的事情都瞭若指掌。華卉自豪地說："我和爸爸無話不談。學習上的點點滴滴，生活中的任何事情都是我們談話的資料。而且重感情、講信用是我們相處的原則。"

　　"你和爸爸是怎樣交上朋友的？"知心姐姐盧勤好奇地問道。

　　"每天都談一個小時的話。"華卉得意地說。

　　"每天都談？"連盧勤都有些吃驚了。

　　"是啊，都習慣了。"華卉很輕鬆自然地回答。

　　父母只有與孩子多進行心靈溝通，走進孩子的內心，讀懂孩子這本書，才能讓孩子快樂、健康地成長。在日常生活中，父母要多與孩子溝通，及時發現孩子遇到的各種問題，瞭解孩子的情緒，幫助孩子解決問題和疏導情緒，讓孩子不再為消極情緒所困擾。

讓孩子
學會正確
看待分數

一個孩子的老師告訴孩子的父親，說這次他孩子的語文考試很不錯，97分，全班第一名。

　　等孩子放學回家，父親剛想對孩子說幾句鼓勵的話，卻發現孩子一副垂頭喪氣的樣子，忙問："怎麼啦，哪兒不舒服？"

　　孩子把自己的考試卷子遞給了父親，父親看了看，前面的基礎題沒有錯誤，字寫得也工工整整，十分清楚，只是作文減了三分，父親看着孩子說："很不錯，值得表揚！"

　　"表揚什麼，我一點也不高興！"

　　"考了97分，還不滿足？"

　　還沒等父親把話說完，孩子接過話來說："97分，我認為我應該得滿分！不信你看看！"

　　聽孩子這麼一說，父親又拿起試卷，從頭到尾仔細看了一遍，特別是作文，孩子寫的是暑假去看蓮花，不僅寫出蓮花的美麗，而且內容具體，一個錯別字也沒有，更可貴的是孩子在作文裡加進自己的想像，非常得體。如果是讓父親當老師來評判，一定會給孩子一個滿分的。

　　這不由得讓人陷入沉思，本來考個全班第一，可孩子一點也不高興，反而覺得委屈。看看分數到底是什麼？人們過去把分數當成衡量學生好壞的唯一標準，分數就像一座大山壓在孩子的頭上，分數成為衡量孩子學習成績好壞的尺子。

一位初二年級的學生萌萌說："很小的時候，我第一次考了第一名，爸爸媽媽都很高興，帶我去了我很想去的兒童樂園。後來我懂得了只有好成績才能換來父母的獎賞。再大一些，我做了班幹部，成績一直不錯，我逐漸發現成績能給父母帶來最大的滿足。

　　"後來有一次，我考砸了，拿着考得很差的試卷回到家裡，父母看着試卷上的紅叉叉沒有了笑臉。

　　"又有一次，我拿着讓父母一樣失望的試卷問媽媽：'你還喜歡我嗎？'媽媽一臉怒氣地給我一記重重的耳光。

　　"我終於發現，原來'分數才是媽媽的最愛'，原來父母對自己的愛和笑都是依據自己分數來的。從此，在父母面前，我失去了往日的歡笑。我變得越來越消沉，最後只得退學回家。"

　　父母對孩子不能簡單地只是以一個硬邦邦的分數作為評價的標準，它應該成為孩子在學習過程中的一個快樂指南。美國教育家斯賓塞曾經說過："身為父母，千萬不能太看重孩子的考試分數，而應該注重孩子思維能力、學習方法的培養，儘量留住孩子最寶貴的興趣與好奇心。絕對不能用考試分數去判斷一個孩子的優劣，更不能讓孩子有以此為榮辱的意識。"

　　其實，分數完全可以充當激勵孩子不斷進步的角色。

　　曾看到一篇題目為《讓分數也多情》的文章，本來學生得了 96 分，而老師在顯眼處給打了個 "96+4"，而且老師還留了批語："你確實很聰明，思路很清晰，如果能再仔細地檢查一下，就很好了。這次先借給你 4 分，希望你再仔細一些，相信下次你會還給我的。"

當試卷發到這個學生手裡時，學生久久注視着這紅紅的 "96+4" 分，心中產生了無比的喜悅。從此以後，這個在學習上總是粗心馬虎的同學一步一步地趕了上來。

原來，分數也是如此的富有活力，也有如此多情的色彩。

在孩子考試前，一些父母總會告訴孩子，這次成績一定要考好，或者在班上考第幾名，可父母們有沒有想過，孩子正是被家長這種心態左右着，他們害怕考試，有的甚至得了"考試恐慌症"。

明智的父母應把孩子培養成一個有活力、有思想的人，把成長狀態放在第一位，不僅自己不要過分強調孩子的學業成績，也要教會孩子不要單純地為分數而奮鬥，為分數而荒廢了精神家園。

讓孩子
學會克服自卑

九歲的小榮是小學三年級的學生，由於從外地轉學來到這裡上學，她自尊心特別強，以致發展到一種自卑的地步。

小榮相貌平平，她覺得自卑，認為老師和同學不喜歡她；

她成績不好，也自卑，認為老師討厭她；

上體育課她跑得不快，某一天穿衣服不好看，她都自卑。

總之，小榮為自己的一切事情自卑。所以，她不喜歡說話，不喜歡交往，逃避老師的關心，上課總在回避老師的目光，不自覺地思想就開了小差。

回到家裡，她常常對着作業發呆，媽媽對小榮這種情況也無能為力，只能默默地在心裡替她着急。

自卑是一種性格上的缺陷，它來源於自身心理的一種消極暗示，表現為對自我能力評價偏低。自卑會腐蝕孩子學習的主動性和積極性，並對孩子的健康成長造成嚴重的危害。

自卑的孩子經常表現為膽小、怯懦、孤獨、沉默，不喜歡交朋友，進取心不強，活動能力差，缺乏自信心。青少年時期，正是孩子學習知識、掌握技能的關鍵時期，若孩子此時產生自卑感，對自己的能力失去信心，他們就不能把全部精力用在學習上，更不會主動積極地學習，即使是人坐在課堂上，思緒早就不知道飄到什麼地方了，這樣的狀況對孩子的成長極為不利。

孩子的自卑感的產生是有一定原因的。有的是因為目標定得太高，總也達不到預定的目標；或者考試的接連失誤對孩子的打擊很大；或者與他人相比存在某些方面的劣勢，包括某些生理缺陷等，以致給孩子造成不良的自我暗示等等。

讓孩子學會克服自卑感，父母要根據不同的原因對症下藥，但最重要的是父母首先要有自信心。父母要多引導孩子，每個人都有優點和缺點，無論在學習上，還是在其他方面，要讓孩子能夠揚長避短。

父母可以多給孩子講，很多人都有自己的缺陷，古今中外的一些名人也曾對自己不滿意，產生過嚴重的自卑感，後來他們都能夠克服這種自卑感，以致有了後來的成功。

俄國文學家列夫·托爾斯泰，曾為自己醜陋的相貌而自卑。從孩提時代，他就對自己的相貌敏感，為此他也感到很苦惱，認為自己這輩子完了。他的眼睛不但小而且是凹進去的，前額窄，嘴唇厚，鼻子像大蒜頭一樣，耳朵更是大得令人吃驚。

托爾斯泰在學校時，總是一個人默默坐在教室裡，連老師都說，這孩子不知道在幹些什麼。後來，媽媽對托爾斯泰說：「你總把注意力放在自己的相貌上，以致無暇關注你的學習。你相貌不好，可以不去當演員，就不會被不良評價所影響。」

聽了媽媽的話，他終於克服了自卑，把精力都放在學習上，最後終於寫出了《安娜·卡列尼娜》等一系列文學名著，成為世界級的文學大師。

父母也可以用自己和周圍人的事例幫助孩子克服自卑感，增強自信心，從而使孩子健康成長。

　　一般來說，有自卑感的孩子往往缺乏成功的體驗。因此，父母要為孩子提供機會讓他體驗成功的滋味。當然，父母給孩子設置的任務要難度適中，使孩子通過努力可以順利完成。在對成功的體驗中，孩子的自豪感和自信心會得到加強。

　　我國生物學家童第周從小就被認為是笨小孩，因此，他有強烈的自卑感。但是，他沒有失去信心，一直努力學習。

　　在他取得成就後，有人曾經問他："有哪些事情使你特別高興？"

　　童第周是這樣回答的："有兩件事，我一想起來就特別高興。一件事是我在中學時，第一次得 100 分，那件事使我知道我並不比別人笨。別人能辦的事，我經過努力也能辦到。世界上沒有天才，天才是用勞動換來的。另一件事，就是我在比利時第一次完成剝除青蛙卵膜的手術。那件事使我相信，中國人也不比別人笨。外國人認為很難辦到的，我們照樣能辦到。"

　　可見，自信是建立在成功的經驗之上，一次小的成功可以成為巨大成功的基石。孩子的自卑感經常伴隨着灰心和失望，這是影響孩子專心於學習的一大障礙。因此，幫助孩子克服自卑、樹立自信是做父母的重要職責。

讓孩子
總能看到希望

一名中學生曾就父母的行為說出了自己的感受：

我的心裡，有許多的煩惱，有大的，也有小的。他們整天悶在我的心裡，干擾着我的學習和生活。其中，有一件最令我煩惱的事情。

從我懂事開始，我就被別人比來比去。為此，我十分苦惱。

爸爸拿我和他小時候比，他越比我就越不如他，越比越覺得我沒出息。他總說："我小時候，下了學就幫你奶奶幹活，放羊、打豬草，什麼活都幹，可從來也沒有因為幹活影響了成績，每次考試都是前三名。看看你，什麼活也不讓你幹，你卻不能靜下心來學習，成績更是一塌糊塗，我怎麼有你這樣不爭氣的兒子！"

媽媽的比較似乎比爸爸更高一籌。她總拿我和她同事家的孩子比較，她覺得我沒有同事家的孩子好，沒有他學習好，沒有他聽課認真，沒有他作業做得工整，總之，一切都不如人家。媽媽整天嘮叨個沒完，可她卻不知道，她的每一句話都像一把尖刀，刺破了我的自尊和自信。

在爸媽的比較下，我變得越來越不求上進，就是有進步，他們也看不見，索性讓他們說去吧，我在逆反心理的作用下，到學校除了玩就是玩，上課也不再注意聽講，作業也不按時交，成績也下滑了。雖然我心裡也不願這樣做，可被我的爸媽逼成這樣，使我幾乎看不到希望。

有很多父母都希望自己的孩子完美無缺，不允許孩子有一丁點的過錯。總希望自己的孩子比別人強，拿自己的孩子和別人比，越比越覺得自己的孩子不如別人。經常聽一些家長說："你瞧瞧你，整天瘋跑，就是不願意學習，你跟學習有仇呀！看看隔壁的王琳，人家總能拿個第一名回來，你怎麼就這麼笨呢？要知道你這個樣子，當初就不要你了！"家長貶抑的言語，極大地傷害了孩子學習的積極性和自信心，使他們慢慢失去對學習的興趣，當然不可能在學習上專心致志了。

　　周婷婷的事跡曾經轟動一時，她是中國第一個少年聾人大學生。

　　周婷婷在一歲半的時候，因藥物中毒，聽覺能力全部喪失。作為父親的周弘也曾絕望過，可一想到孩子未來的命運，父親心底的偉大父愛在升騰，他要讓女兒學會與命運抗爭。

　　周弘帶着女兒一次次地進行針灸治療，周婷婷終於恢復了一點點聽力，這一點聽力可能是正常兒童的幾百分之一，可是周弘就是利用這一點聽力，運用適合孩子的家教方法，帶領孩子走上了成才之路。

　　周弘與其他家長不同的是，他不去管孩子的缺點，而是發現孩子的優點，並加以鼓勵表揚。

　　有一次婷婷做應用題，十道題只做對了一道，在婷婷做錯的地方，父親不打叉，卻在對的地方打了一個大大的紅勾，然後真誠地、發自內心地說：“婷婷真了不起，第一次做應用題就做對了一題。爸爸像你這麼大時，碰也不敢碰！”

　　婷婷聽了父親的誇獎，非常自豪，後來越做越愛做，越做越認真，一次比一次對的多，升初中時，婷婷的數學考了 99 分。

　　婷婷是幸運的，她有愛她並給她希望的父親。如果周弘也像其他的父親一樣，拿婷婷的缺點和其他孩子比，婷婷也不會愛上學習，越來越能專心學習。

　　天下的父母有誰不希望自己的孩子比別人強，但總是拿自己孩子的缺點與別人的優點比，當然會讓孩子越來越灰心。如果愛自己的孩子，就應該發現孩子身上的優點，讓其發揚光大，讓孩子總能看到希望所在。

親子活動

1. 大腦 3 分鐘氣功入靜法

大腦 3 分鐘氣功入靜法是日本腦科學家川燦愛義提出的。具體的做法如下：

讓孩子端坐櫈子上，身體挺直，雙目平視，雙腿垂直於地面，雙腳平放。

然後，雙目微閉，凝神靜息，摒除雜念。

每天一次，每次 3 分鐘。

親子感悟：

有些活動對集中注意力很有好處，大腦 3 分鐘氣功入靜法的作用是調節大腦功能。此外，書法、繪畫也有類似的作用，父母可以適當地運用這些活動來提高孩子的注意力。

2. 猜撲克牌

父母取出三張不同的撲克牌,例如,紅桃 K、方塊 3 和黑桃 6,
然後隨意地排列在桌子上,翻開一張給孩子看,比如紅桃 K,並
請孩子記住。然後,家長再把三張牌倒扣在桌子上,再隨意更換
三張牌的位置,最後讓孩子報出紅桃 K 是哪張。

孩子猜對就算贏了,猜錯就算輸了。然後,家長與孩子輪流進行。
隨着孩子年齡的增長,父母可以適當增加難度,比如增加撲克牌
的數量,增加變換撲克牌的次數和加快變換撲克牌位置的速度
等,從而使這個遊戲能夠適應孩子的興趣和能力。

親子感悟:

這個遊戲由於符合孩子的心理特點,比較受孩子的歡迎。由於孩
子需要集中注意力觀察家長的動作,孩子的注意力就在不知不覺
中提高了。

第3章

善於引導孩子的興趣

我們在集中思考時，在沉湎於某件事時，我們看不見，也聽不見我們身邊所發生的事情。

——俄國生理學家 巴甫洛夫

第 **21** 種方法

不要干擾
孩子做喜歡做
的事情

亮亮的媽媽這幾天為亮亮長時間地待在畫板前而不安起來。這天,剛從超市回來,媽媽就大喊:"亮亮,看媽媽給你買什麼來了!"

　　五歲的亮亮正像往常一樣專心致志地畫畫,看見媽媽手裡的小汽車,歡蹦亂跳地跑過來。

　　媽媽也高興地鬆了一口氣,終於有東西可以使亮亮離開他的畫板了。

　　令媽媽沒有想到的是,亮亮把小汽車放在了畫板的前面,原來他正在"創作"的畫上正好缺少一輛小汽車。

　　同樣是五六歲的孩子,有的喜歡車子,有的喜歡遊戲,有的則對圖畫非常感興趣。如果有的孩子愛好特別強烈,這時候,父母一般不會感到高興,相反卻會因為孩子的興趣過早地傾向於一個方面,而費盡心思地用別的東西來沖淡他的興趣。實際上,在孩子注意力還沒有達到一定的深度時,父母就有意去分散孩子的興趣,這樣做對孩子的成長是極為不利的。

　　孩子有了自己喜歡做的事情,說明他對自己所做的事情有濃厚的興趣,而興趣的傾向卻可以使注意力得到發展。

　　當孩子有了某種興趣傾向後,作為父母,不光應當感到高興,而且要給孩子力所能及的幫助。這是因為,當孩子的興趣集中於某一點時,對孩子今後的成長至少有兩大益處:一是孩子會因此而集中注意力；二是當孩子把注意力集中於某一活動或事物上時，其本身就是一種積極的思考活動，他的大腦也在積極地思考，如此不斷地深入下去，注意力越發集中，思考越發深入，思維能力也會達到一個相應的深度，其結果自然也提高了智力。

而且，父母還應感到高興的是，這樣的孩子，即使以後興趣轉向別處，仍然能夠發揮專注與思考的能力。

正確的方法應該是鼓勵孩子的專注，同時儘量滿足孩子學習探索的物質條件。

當日本著名的教育家伏見猛彌發現自己兩歲的孩子十分喜歡汽車和火車時，他不僅買這些玩具當做禮物送給孩子，而且，他還有意識地幫助孩子發展這一興趣。結果，這個孩子的注意力變得非常集中，而且，觀察力也相當棒。

當時，日本小學五年級的學生才開始學習“近大遠小”法，而伏見猛彌的孩子在三歲時就自然掌握了，畫出來的各種汽車簡直就像要從畫裡跑出來一樣。不僅如此，他還剪下厚紙板，把它們組合成火車頭等東西。

正是伏見猛彌對兒子興趣的培養，使得他的兒子還養成了對喜歡的事情持之以恆的勁頭，他甚至獲得了一個驚人的成果：在上小學二年級時，他對蝴蝶標本產生了興趣，並首次發現了在日本未被記載的、一種生活在荷蘭加瓦島的蝴蝶。

　　如果父母發現孩子喜歡做一些特別的事情，或者不是那麼有出息的事情，父母也不要擔心，因為，年幼的孩子對於興趣並不是自始至終都是這樣的，在成長的過程中，任何因素都有可能影響孩子的興趣。作為父母，我們要儘量保護孩子的興趣，讚賞孩子專注的精神，並有意識地引導孩子，激發孩子的其他興趣，這樣，孩子不僅可以有自己喜歡的事情，做他自己喜歡的事情，從而獲得樂趣，同時也能夠發展他的注意力、思考力等能力，幫助孩子以後更好地面對學習和工作。

第**22**種方法

不要經常強迫孩子做不喜歡的事

小男孩洋洋剛上二年級，課餘時間特別喜歡打乒乓球，而對踢足球不感興趣，但他卻有個足球迷的父親。父親看到洋洋經常去練習打乒乓球，就教訓他："小球沒有出息，去練大球。"洋洋不願意踢足球，父親就強迫兒子和他一起去足球場練球，弄得洋洋總是不開心。

　　現實生活中，像這樣的事情常常發生。女兒想學長笛，母親卻非要她放棄長笛改學鋼琴；兒子喜歡文科，父母卻以"學好數理化，走遍天下都不怕"為藉口，為他選擇理科……

　　一個人不能自己作決定選擇自己喜歡做的事情是痛苦的，對此，成年人應該感受最深。家長同樣應該明白：孩子也是人，也有自己的喜好，強迫他們去做不願做的事情，孩子總會不開心。

　　當然，父母會說這樣"難為"孩子，其實是望子成龍心切，是善意的。但是，父母的"善意"有可能帶來"惡果"，這等於抑制孩子的長處，張揚孩子的短處，有時可能弄得孩子對自己的長處與短處都沒有了興趣，結果得不償失。

　　興趣是最好的老師，讓孩子選擇感興趣的事情，孩子就會全神貫注於他所感興趣的事情上，可能就會收到事半功倍的效果。因為興趣能使孩子主動、積極、上進，易於開發孩子的潛力。

　　南北朝時期著名的科學家祖沖之在小的時候，由於不喜歡讀經書，總被父親斥責為"笨蛋"。

祖沖之的父親是一位小官員，他望子成龍心切，就逼當時不到九歲的祖沖之背誦《論語》，每天，年幼的祖沖之不得不讀一段，然後再到父親面前去背一段。

兩個多月過去了，祖沖之竟然背不了幾行，氣得父親大罵祖沖之。

過了幾天，父親又把祖沖之叫來，教訓道："你要用心讀經書，將來可以做大官。不然，就沒有出息。現在，我來教你，你要專心，不然的話，我絕不饒你。"

可是，父親越教越生氣，祖沖之越讀越厭煩。最後，他對父親抗議道："這經書我無論如何也讀不下去，你就別費神了。"

父親一聽這話，氣得額頭上的青筋都暴起來了，忍不住伸手就打了祖沖之幾個巴掌，打得祖沖之號啕大哭。父親還邊打邊罵："笨蛋！沒出息！"

正巧，祖沖之的爺爺來了。問明情況後，爺爺就對祖沖之的父親說："如果孩子果真是笨蛋，你狠狠打他，就能把他打聰明嗎？如果孩子不願讀經書，你一打他就能喜歡讀經書嗎？經常打孩子，不僅收不到好的效果，還會讓孩子變得粗野無禮。"

祖沖之的父親申辯說："我打他也是為他好。他不讀經書，這樣下去，會沒有出息的。"

祖沖之的爺爺說："經書讀得多，也不一定就有出息。有人滿肚子經書，卻也什麼都不會做。他不讀經書，說明他沒有興趣，他不願意讀經書，說不定他喜歡幹別的事情。做父親的，應該細心地觀察孩子的興趣，加以誘導。"

一次，祖沖之問爺爺："為什麼每月十五的月亮都會圓呢？"

爺爺解釋說："月亮有它的運行規律，所以有圓有缺！"

祖沖之聽了很感興趣，經常在晚上望着星空發呆，而且一有空，就纏着爺爺問個不停。

爺爺說："你對經書不感興趣，對天文卻用心鑽研，正好，咱們家的天文曆書很多，我找幾本你先看看，不懂的地方就問我。"

祖沖之的父親也改變了對祖沖之的態度，有時祖孫三代一起研究天文知識。這樣，祖沖之對天文曆法的興趣越來越濃，最後成了偉大的科學家，他推算出圓周率的時間比歐洲早一千多年。

爺爺對祖沖之因材施教，發現其興趣點，並選擇了這個興趣點為突破口，去啟發引導祖沖之，終於使祖沖之把自己的全部精力用在天文曆法上，並取得了驚人的成功。

強迫往往導致逆反，讓人失去興趣，覺得有壓力，少一點強迫，多一點引導和啟發，讓孩子在自己興趣的引導下去做事，培養孩子專心致志的習慣，才能讓孩子專注於學習，不斷提高自己。

第 **23** 種方法

給孩子
選擇的權利

　　一天，放學已經很長時間了，欣欣才帶着一身臭汗回家。爸爸看到他這個樣子，不高興地問："去哪兒了，身上還弄得髒兮兮的？"

　　看到爸爸生氣的樣子，欣欣有點膽怯地說："學校籃球隊選拔隊員，我去參加選拔了，因為我喜歡籃球。"

　　"你喜歡籃球，就要參加籃球隊？你經過大人同意了嗎？"兒子自己自作主張，不向父母通報，這讓爸爸更加生氣。

　　"好多同學都報名了，我也想參加，我本來是要對爸爸你說的。"

　　"不用說，我不會同意你參加學校的籃球隊。成績這麼差，還有心思參加什麼籃球隊，你要敢參加，以後就別想回這個家！"欣欣還想說什麼，但是，當他看到爸爸因氣憤而漲紅的臉時，只好吞下了到嘴邊的話，默默地回到自己的房間。

　　後來的結果讀者也會想到，欣欣放棄了籃球隊的選拔，沒有能夠參加籃球隊，但是，他的學習成績不僅沒有提高，反而越來越差。因為自己的選擇得不到爸爸的支持，自己不得不忍痛放棄，這讓欣欣對學習提不起興趣，慢慢地也無法做到專心學習。

　　許多父母總喜歡把孩子的"選擇權"和"決定權"攬在自己手裡，以為這是對孩子好，其實這是害了孩子。一則是強迫孩子放棄喜歡做的事情，很容易引起孩子的逆反心理，什麼事都和父母對着幹，你讓他學習，他偏不學習，久而久之，孩子荒廢了學業，與父母也出現了難以彌補的裂痕。二則是逼着孩子做他們沒有興趣做的事情，讓孩子聽從父母的意願和決定，只能使孩子遇事沒有自己的主見，只會依賴父母。這兩種情況都是父母不願意看到的，所以，作為家長，不要把自己的意願強加給孩子，要相信和支持孩子的選擇和決定。

如果孩子對父母依賴性強，父母就應該在平常的生活中，培養孩子的自主意識，自己的事情自己決定，自己的事情自己解決。家長要是讓孩子按大人的意圖去行事，就可能遇到孩子的敵對情緒和反抗。

趙雨剛上小學二年級時，學校要舉行全校性的糾正錯別字競賽，趙雨告訴媽媽："老師想讓我參加糾正錯別字競賽。"

"這是件很好的事，你去報名了嗎？"

"還沒有。"

"為什麼？是不是沒有想好？"媽媽問。

"競賽時台下會有很多人看，我有點害怕。"趙雨很激動，畢竟這是她第一次參加這種集體性的競賽活動。

"要是參加競賽的話，也可以鍛煉鍛煉自己，不過這件事你還是自己決定，我只是告訴你我的想法。"

後來，趙雨自己決定參加這次全校範圍內的糾正錯別字競賽。

　　當孩子面臨一些難以選擇的問題時，父母可以對孩子說："這是你自己的事，你應該自己來拿主意。"從家長的角度來說，應該把選擇的權利儘量讓給孩子，在做出關於孩子的什麼決定的時候，也應該徵求孩子的意見。

　　在歐美西方國家，學校的辦學宗旨並不是"應試教育"，而是注重培養學生的自主意識和獨創精神。學生們可以根據自己的興趣愛好自由地選擇上課的內容，學生完全憑自己的意願來學習。這也是學校尊重孩子的一種體現。儘管孩子年齡小，但也有自己獨立的人格，孩子們的事應該由他們自己作出決定，用這種方法教育、培養孩子是十分可取的。我們中國的大多數家長所缺少的也許就是這種精神。

　　作為父母，不應該對孩子事先作出假設或者限制，因為孩子的成長過程也是一個不斷發展變化的過程，父母能做的就是學會讓孩子自己作決定，這樣，孩子做事情才是發自內心的，而且在做事的過程中，形成自己瞭解自己、自己認識自己、自己發展自己的能力。

第 **24** 種方法

興趣讓孩子
愛上學習

有一個旅美華人，對孩子的作業大加感慨。

他的兒子剛上小學六年級，但是有一次，當這位父親查看孩子的作業時，卻發現老師給兒子留了這樣一份作業：

"你認為誰應該對二次大戰負有責任？"

"你認為納粹德國失敗的原因是什麼？"

"如果你是杜魯門總統的高級顧問，你將對美國投放原子彈持什麼意見？"

"你是否認為當時只有投放原子彈一個辦法結束戰爭？"

"你認為今天避免戰爭的最好辦法是什麼？"

......

這位父親感到驚奇："這哪是給小學六年級學生的作業，分明是競選參議員的前期訓練！"但是，這位父親並沒有對孩子說出自己的想法，而是靜下心來思考美國老師佈置這項作業的道理。最後，他發現，美國老師正是在這一連串提問之中，引導孩子把視野拓寬，讓孩子學習從高處思考和把握重大問題的能力，同時，在這些提問中，向孩子們傳輸一種人道主義的價值觀。實際上，這些問題在課堂上沒有標準答案，答案需要讓孩子們自己去尋找。

當這位父親看着 12 歲的兒子為了完成這項偉大的作業而興致勃勃地看書查資料時，感到非常欣慰，因為他根本不用擔心孩子做作業時會磨蹭，注意力會不集中，也不用為孩子的學習操心受累。因此，這位父親不由得發出這樣的感慨：「在孩子追求知識的過程中，激發孩子的興趣，讓孩子主動、快樂地學習，孩子才能有自己的思考，才會不用父母提醒也能專心於自己的學習。」

這個例子說明，求知慾來自於孩子的主動學習和獨立思考與探索，讓孩子愛上學習的前提條件，必須是知識能帶來快樂，而不是學習當中的挫折。興趣可以說是學習的動力，一旦孩子對某種事物產生了興趣，強烈的求知慾就會進一步促使孩子去主動地學習，取得事半功倍的效果。因此，父母應幫助孩子找到學習中的快樂，激發學習的興趣。

那麼，怎樣來激發孩子的興趣呢？

首先，父母要找到孩子的興趣所在。

每一個孩子都有自己的興趣愛好，比如有些孩子喜歡畫畫、有些孩子喜歡唱歌、有些孩子喜歡動手做手工、有些孩子則喜歡思考等。在孩子年幼的時候，父母應該有意識地嘗試讓孩子參與各種不同的活動，從不同的活動中去觀察孩子的反應，從而找到孩子的興趣所在。

其次，父母要有意識地去引導孩子的興趣。

一般來說，孩子最初的興趣是由情緒支配的，他想做，他就會去做，如果他不想做，他就不會去做。這時，如果父母能夠以身作則，往往能夠對孩子的興趣起到引導的作用。比如，想讓孩子多讀書的,父母自己要經常在家裡讀報、讀書,用實際的行動來感染孩子。

安吉娜・米德爾頓在《美國家庭的卡爾・威特教育》一書中介紹了一種"三分鐘"耐性訓練法,對培養孩子的專注力非常有效。讓我們來看看:

皮奈特是一個缺乏耐性的孩子,他只愛看電視和玩遊戲,對書本不感興趣。

一天,父親拿着個沙漏,告訴他說,這是古時候的鐘錶,裡面的沙子全部漏下去時,正好是三分鐘。

皮奈特想玩玩這個沙漏,這時,父親說:"以沙漏為計時器,和爸爸一起看故事書,每次以三分鐘為限。"皮奈特很高興地答應了。

第一次,皮奈特果然靜靜地坐下來聽爸爸講故事。但事實上,他根本沒有留意看書,而是一直看着那個沙漏,三分鐘一到,他便跑出去玩了。

但是,皮奈特的父親沒有氣餒,他決定多試幾次。這樣數次之後,皮奈特的視線漸漸由沙漏轉移到故事書上了。雖說約定三分鐘,但三分鐘過後,因為故事情節吸引人,皮奈特聽得特別入神,他要求延長時間,但父親堅持"三分鐘"約定,不肯繼續講下去。皮奈特為了早點知道故事情節,就自己主動閱讀了。

在這裡，皮奈特的父親實際上是通過引導孩子的興趣，讓孩子的注意力在一定時間內專注於某一事物，久而久之，孩子的閱讀興趣便被激發出來，從而能夠主動而有意識地去學習了。

再次，父母要善於誘導孩子的興趣。

誘導是教育和培養孩子的最好的方法。"快樂教育"的創始人斯賓塞就是通過這種方法來激發小斯賓塞的學習興趣的。

有一次，斯賓塞發現小斯賓塞對屋後花園裡的螞蟻非常感興趣，他趴在那裡仔細地觀察。這時，斯賓塞也表現出了極大的興趣，他同兒子一起觀察螞蟻，好像一個孩子一樣。

第一天，他們只是看，看螞蟻們怎樣把一粒麵包屑搬回洞中，怎樣叫其他螞蟻來搬更多的麵包屑；第二天，斯賓塞開始跟小斯賓塞一起討論怎樣研究螞蟻，並列了一份計劃書：

一、在"自然筆記"裡開設螞蟻的專欄；

二、讀有關螞蟻知識的書，並做讀書筆記；

三、瞭解螞蟻的生理特點：吃什麼？用什麼走路？用什麼工作？

四、瞭解螞蟻群的生存特點：螞蟻群有沒有王？怎樣分工？怎樣培育小螞蟻？

列完計劃，小斯賓塞的興趣更加濃厚了，他覺得研究螞蟻很有意思。結果，這項研究工作整整持續了一個夏天，小斯賓塞不

僅學到如何系統地獲得知識，而且更加激發了他學習的興趣。

最後，父母要努力讓孩子體驗到學習的樂趣。

軍軍今年上三年級，最大的特點就是貪玩。軍軍父母總是把軍軍關在房間裡學習，並不時監督着他，一旦軍軍想要出去玩，父母就會呵斥他，結果，軍軍對學習越來越沒有耐心，總是胡亂對付一下，學習時還經常一心二用，一邊做其他的事情，一邊學習，碰到不會做的就乾脆不做。

大部分孩子缺乏學習興趣，並不是一開始就不喜歡學習，而是許多父母把學習當成了孩子必須整天做的事情，結果，孩子在學習中產生的不是樂趣，而是厭煩和痛苦。

求知是孩子認識世界的基本途徑，而追求快樂又是孩子的天性。如果孩子因為求知而被剝奪了快樂，在苦學的狀態下學習，缺乏認知的需要，他們便會對學習失去興趣。

因此，父母不要強迫孩子學習，要想各種辦法讓孩子主動地學習。比如，讓孩子做幾道容易的習題，讓他能輕而易舉地完成，當孩子做得好時，父母更應適時表揚，讓孩子體驗到成功的樂趣。然後，父母再調整作業的難度，讓孩子一步步完成家庭作業。

第**25**種方法

讓孩子
學會交替學習

交替學習符合人體大腦工作規律。孩子在學習的時候，大腦所主管的視、聽、讀、寫以及有關記憶、分析等功能區，都處於高度興奮狀態。然而，大腦任何部位的興奮能力都有一定的限度，超過這個限度就會使原來的興奮減弱，會使抑制越來越強，原來興奮的領域就會變成抑制狀態，使大腦出現疲勞，孩子就會出現困倦、頭昏等症狀，影響學習效果。

　　孩子上了初中，需要掌握的科目很多，在學習過程中不能顧此失彼，而交替學習是一種提高學習效率的有效途徑。

　　孩子在學習過程中一定要學會合理用腦，而善於用腦，懂得怎樣合理調節，就能收到事半功倍的效果。

　　孩子在複習功課時，可以幾門功課交替學習，每門課程在40分鐘左右較為合適，中途休息10分鐘，再接着複習另一門功課。連續學習兩個小時，可以到戶外活動，讓大腦得到充分的休息。

　　一般來說，交替學習"內容差別較大"的不同科目，比長時間讀一種書籍的效率高。

　　生理學家研究發現，人的大腦左右分工不同，而不同學科在大腦中使用的腦區也是不同的。左半球側重於邏輯與抽象思維，右半球則側重於形象思維。所以，當在做數學、物理等習題時，大腦左半球容易疲勞，這時就應適當地調節大腦的思維，換一下學習內容，可以做語文作業，也可以背英語單詞，使左右半球得到輪流休息，有利於提高學習效率。

　　因此，孩子在看書時，父母可以提醒孩子把數學和語文等不同的課程來交替學習，這樣做能使大腦皮層中的興奮從一個區域轉移到另一個區域，使大腦皮層的神經系統不至於疲勞，而且還能讓數學、語文等不同科目的學習互相促進。這種交替學習既可避免前後學習內容互相干擾，也可避免出現越學越無趣，使得注意力不能集中在所學的科目上的情況。

　　當孩子學習累了，可以聽一聽音樂來緩解大腦的疲勞。當聽着優美的音樂時，大腦的聽覺中樞興奮起來，其他中樞神經就能得到徹底地放鬆，這也對孩子的學習狀態有很好的調節作用，能讓孩子的情緒逐漸恢復到比較興奮的狀態，以便能更專心地迎接下面的學習。

　　因此，在孩子的學習過程中，如果孩子學習一門功課出現疲勞時，父母可以建議孩子運用交替學習法，以避免孩子可能出現的學習疲勞，延長孩子大腦興奮的時間，讓孩子少承擔一些不必要的壓力和痛苦。

第 **26** 種方法

教孩子
明確注意的
對象

如果有人問孩子，從一樓到你家五樓共有多少台階，孩子很可能答不上來。如果再問孩子，從你家到鄰近一棟樓中間有幾棵樹，都有什麼樹，可能孩子也說不清楚。

　　為什麼會有這樣的事情發生？這是因為孩子對這個地方太熟悉了，以至於根本沒有去留意，這種狀態就是我們常說的"熟視無睹"。

　　曾經有人做過這樣一個有趣的心理測驗：

　　40 名世界著名的心理學家正聚集在德國的一個村鎮開會，忽然，一個村民呼叫着衝進會場，一個光頭、穿着黑色短衫的黑人手持短槍追了進來，兩個人在場內生死搏鬥起來。

　　心理學家們都非常奇怪，個個嚇得目瞪口呆。

　　一聲槍響以後，農民和黑人便一起跑了出去。

　　這個場面只延續了 20 秒，這時，主持人說："大家不要慌，這只是一個心理實驗，大家把自己看到的盡可能詳細地記錄下來。"但是，在大家交上來的材料中發現，心理學家們在回憶這一事件時所產生的錯誤是十分驚人的。

　　在這 40 名心理學家中，只有 4 個人記得黑人是光頭，其餘的人甚至不記得黑人所穿短衫的顏色。大部分人的錯誤率在 20% 到 50% 之間，只有一人回憶中的錯誤率少於 20%。

在這個實驗中，因為大家都沒有刻意去關注注意的對象，因此錯誤率極高。

其實，這是一種非常普遍的生活現象，在日常生活中，必要的忽視是人類節約認知資源的一種好方法。但是，這樣的忽視會造成一種認識習慣，那就是在那些需要關注的事情上也可能沒有集中自己的注意力，不能讓自己很容易地轉換成一個高效注意的人。

如果要讓孩子不再對事物熟視無睹，可以讓孩子有意地提醒自己，去有意識地去觀察和關注周圍的事物。

要提高孩子的注意力，就要讓孩子明確注意的對象。做任何事情，都要做到有的放矢，如果總是毫無目的地去注意一些無關的事情，往往不會起到應有的注意效果，也不會發現什麼有價值的東西。

要提高孩子的注意力，必須要強化有意注意。因為有意注意是注意活動的主體。那麼，對於父母來說應該怎麼做呢？

父母要提醒孩子去注意身邊的事物，有時候，可以故意給孩子設置一些任務，引導孩子主動地注意。

比如，窗台上種了一盆蒜，孩子不一定會注意它。但是，如果父母對孩子說："這些蒜不久會長出綠色的長長的葉子，你要是看到它長出了綠芽，就趕緊來告訴我。"

這樣，孩子就會經常注意它。如果這任務是對兩個以上孩子佈置的，而且先發現者就是優勝者，或者還能得面小紅旗，那麼，孩子就會更經常地來觀察這盆蒜。為什麼呢？因為注意是為任務服務的，任務越明確，對任務的理解越深刻，完成任務的願望越迫切，注意就越能集中和持久。

　　所以，要想使幼兒的注意持久，就不能光要求孩子做什麼，甚至強迫他做什麼，而要讓他知道為什麼要這樣做，講明意義，激發他做好這件事的願望。這樣任務明確，願望強烈，注意就能持久。

給孩子
玩的時間

八歲的小剛最近非常苦惱。原來，小剛剛上小學一年級，爸爸對他的管教就比以前嚴格了很多。由於一年級的功課較少，而且很簡單，許多都是小剛在上幼稚園的時候已經學習過的，因此，小剛對於老師佈置的作業總是做得很快，也不怎麼出錯。

　　可是，小剛爸爸卻不這麼想。每當小剛做完作業要出去玩的時候，總被爸爸一把抓住：“又要去玩了！作業做完了沒有？”

　　爸爸嚴厲的訓斥讓小剛很生氣，他大聲地叫道：“當然做完了，不信你看！”

　　小剛把自己的作業遞給了爸爸，但是爸爸並不看，他拿起作業本對小剛說：“這麼多題目你一下就做完了？肯定會有許多錯誤，你好好檢查一遍，半小時後再給我檢查！”

　　半個小時過去了，小剛根本沒有檢查他的作業，他認為自己做的肯定是對的。結果，爸爸檢查的時候發現小剛在抄答案的時候居然把7抄成了2！

　　爸爸生氣地一把拽過小剛說：“你看看！這叫做好了？只知道圖快，只知道玩！給我重抄一遍！”於是，小剛每天玩的時間就這樣給剝奪了。

　　這種情形經常發生在每個家庭裡，父母總是希望孩子能夠“固定”在書桌上認真學習，而且花在學習上的時間越多越好。

　　事實上，玩是孩子的天性，當孩子的天性沒有得到滿足時，他是不可能專注地做其他事情的。於是，許多父母發出這樣的感慨：孩子在自己的管教下，學習比以前努力多了，總是坐在書桌前寫作業，但是，怎麼這孩子的成績卻一直徘徊不前，甚至有所後退呢？

事實證明，正是因為父母剝奪了孩子玩的時間，才使孩子失去了學習的樂趣和興趣，並在學習的時候學會了開小差、做小動作，以此來獲得一點點精神上的樂趣，以彌補失去的玩耍時間。

上例中的小剛也是如此，在爸爸嚴厲的管教下，小剛慢慢學會了有意拖延時間，故意把讀書、做功課的時間拖得很長。明明半小時能夠完成的功課，他要花上一個半小時甚至兩個小時。為了取悅父母，在父母出現時，他假裝努力學習，而在父母不注意的時候，他學會了在學習時走神、發呆、玩鉛筆等。小剛的這種情形難道不是小剛的爸爸造成的嗎？

玩耍是孩子的天性，想想我們自己小時候，也非常喜歡玩耍，為什麼在對待孩子的時候，我們會如此苛刻呢？當然，原因很簡單，那就是為了讓孩子專注於學習，獲得好的成績，獲得人生的成功。但是，家長們也許存在這樣一個認識上的錯誤，那就是，專注的含義僅僅是指在一定時間內高度集中注意力，而不是必須長時間地集中注意力。對於孩子來說，長時間被迫集中注意力是不利於孩子身心發展的，而且也不符合孩子的心理特點。

同時，對於玩耍，父母們也需要重新認識一下，玩耍並不一定是荒廢時間，不務正業，玩耍也是一種智力活動，如果父母能夠有意識地讓孩子玩一些智力遊戲，這對孩子的智力開發相當有效。玩耍不僅能夠調節大腦，使人獲得放鬆，還能有利於下一輪的學習。其實，這個道理每個父母都知道，但是，為什麼在對待孩子的時候，這個道理就變得不太正常了呢？

比爾‧蓋茨的父親威廉‧蓋茨就非常重視給孩子一定的遊戲時間。他平時沒有太多閒暇時間，因此，就讓比爾‧蓋茨的外祖母陪他一起做遊戲，尤其是做一些智力遊戲，如下跳棋、打橋牌等。玩遊戲時，外祖母總是對小比爾說："使勁想！使勁想！"她還常常為比爾下了一步好棋而拍手叫好，這些遊戲都極大地強化了比爾‧蓋茨的專注力。比爾‧蓋茨在創辦"微軟"的時候，曾經連續幾十個小時致力於程式開發，這不得不說是年幼時養成的好習慣。

可見，明智的父母一定要給孩子玩耍的時間，讓孩子在玩耍的時候痛痛快快地玩，在學習的時候專心致志地學習。

與孩子
一起玩
注意力遊戲

蘇聯心理學家曾做過這樣一個實驗:

將各種顏色的紙分別裝進與之顏色相同的盒子裡,讓兒童在遊戲和單純動作的兩種不同活動方式下完成任務,同時觀察孩子的專注時間。

結果,在單純放紙條的情況下,4 歲的兒童只能堅持 17 分鐘,6 歲的兒童能堅持 62 分鐘;在遊戲放紙條活動中,4 歲的兒童可以持續進行 22 分鐘,6 歲的兒童可以堅持 71 分鐘,而且分放紙條的數量比單純完成任務時多 50%。

可見,遊戲能夠引起孩子極大的興趣,能夠讓孩子的注意力在一定時間內保持高度集中。因此,父母要善於利用遊戲來培養孩子的注意力。

美國著名學者斯特娜夫人與女兒維尼夫雷特就經常玩"注意看"的遊戲。遊戲是這樣的:

斯特娜夫人一手抓住五六根彩色的髮帶,在女兒面前一晃而過,然後問女兒,自己手中的髮帶有幾根。

開始的時候,斯特娜夫人的速度比較慢,讓孩子有足夠的時間去注意看她手中的髮帶。後來,斯特娜夫人的速度越來越快,到最後只是眨眼間的事。

剛開始,女兒維尼夫雷特翰的次數比較多,後來女兒猜對了，就反過來考媽媽，媽媽反而輸得更多。

這種注意看的遊戲就是用來培養孩子的注意力的。因為孩子要在遊戲中取勝，就必須在一定的時間內努力把自己的注意力集中在遊戲上，克制着不讓自己的注意力分散。

童話大師安徒生在學齡期，雖然沒有接受過正規的學校教育，但是，他的父親經常和他一起做遊戲，在遊戲中，父親有意識地訓練安徒生的注意力、想像力和思維能力的發展。請看一個故事：

一次，父親在工作時，剩下了一塊木頭，為了讓孩子高興，他就動手給孩子做了幾個木偶。木偶做好了，父親就對安徒生說："咱們給木偶穿上衣服吧。"

給木偶穿上衣服後，父親又說："咱們現在有演員、有舞台、有幕布，就可以演戲了。不過在演戲之前，要先把角色對白練熟。"

於是，父親拿出一本名為《荷爾堡》的戲劇故事書，讓安徒生把這本書讀了一遍又一遍。

安徒生非常認真地把故事中的對白背得滾瓜爛熟。在演出時，安徒生表演得異常投入，街坊鄰居都說他們爺倆真是一對"瘋子"。

從那以後，安徒生迷上了演戲，為了演好戲，安徒生有時看書忘了吃飯。這無形中培養了安徒生做事的專心，鍛煉了孩子做事的專注能力。

作為父母，在日常生活中，應儘量為孩子提供遊戲條件，鼓勵孩子玩各種各樣的遊戲。比如，可以通過佈置一些簡單而明確的任務來讓他完成，也可以根據一定的目的，有計劃地向孩子提供遊戲材料，讓孩子玩耍。那麼，父母如何激發兒童遊戲的興趣呢？

一、興趣是保持注意力的首要條件，父母要為孩子提供豐富的、有趣的遊戲材料，激發兒童遊戲的興趣。

二、根據一定的目的，有計劃地向孩子提供遊戲材料，切忌把材料一股腦兒地堆在孩子的面前，讓他們東抓抓西摸摸，缺乏遊戲的目的性。

三、遊戲內容要有梯度，由簡單到複雜，滿足孩子不同階段的不同需要。

四、遊戲時間不宜太長。適度地調換遊戲內容，有利於培養孩子的專注能力，一次活動不要提供過多的玩具。

五、孩子遊戲時不要有意干擾，不要在孩子玩得高興時給他們吃東西，或要他們幹些不相干的事，這樣既掃了他們的興，又中斷了他們的活動，容易造成孩子的不專心。

第**29**種方法

不要
為孩子
設計理想

心雨剛上小學一年級，就已經有了兩年的鋼琴學習經歷。在這兩年裡，心雨一跨進鋼琴老師的家門，就開始哭鬧，練琴時更是淚流滿面。

　　心雨總是可憐兮兮地對媽媽說："媽媽，求你別讓我學琴好嗎？我一點也不想學。"每當媽媽看到女兒這種情形時，也心疼孩子整天哭哭啼啼，無奈爸爸堅持讓心雨學琴，說是把特長與升學聯繫起來，以後學好了鋼琴，就能成為特長生，考重點中學時可以加分。

　　在爸爸的要求下，鋼琴老師對心雨的要求也很嚴，每天必須練習四首曲子。而心雨一旦彈得不好，爸爸就在旁邊大聲斥責，有時還用手指敲她的頭，心雨每天都過得不開心。

　　就這樣過了兩年，終於有一天，媽媽發現心雨有了異常：她經常擠眼睛、努嘴巴、聳肩膀，還不停地抖動大腿。

　　不久，班主任也向心雨的媽媽反映：心雨這一段時間上課總是擠眉弄眼，還擺動胳膊和腿，經常無緣無故地大叫，注意力不集中，學習成績下降。

　　後來，經過醫生的診斷，心雨患了多動症，需要經過很長時間的治療才能康復。

　　心雨的父母由於希望給孩子設計一個美好的未來，所以並不尊重孩子的想法，硬是逼着孩子學習她不喜歡的鋼琴，結果，不僅給孩子造成了嚴重的精神壓力，壓抑了孩子的天性，而且誘發了孩子的疾病。

　　現實生活中，這樣的家長並不少見。他們常常為孩子籌劃未來，為孩子設計理想。孩子剛入小學，父母就開始了一系列的規劃，他們不遵從孩子的愛好和興趣，強迫孩子按照自己設定的軌跡發展，如果孩子沒有遵從父母的意願發展，就孤立孩子，甚至打罵孩子。結果，孩子由於不堪重負，走向父母不願也從未想到過的結果，這不是很遺憾的事嗎？

　　家長要培養孩子做事專心、注意力集中的好習慣，就應該尊重孩子的理想和選擇。孩子自己的愛好和選擇，能激發孩子的上進心，也容易把孩子的注意力都吸引在上面，孩子在做自己所選擇的事情時，專心程度就強。

　　值得注意的是，當孩子有了最初的理想和選擇時，父母不要給孩子太多的壓力和暗示，這樣會讓孩子很容易失去信心，從而變得消極。正確的做法是鼓勵孩子樹立理想，並為理想而努力。

　　讓我們來看看一位媽媽的做法：

　　媽媽和上小學二年級的孩子一起看電視。

　　當孩子看見螢幕上出現奇妙和有趣的動物世界時，不由得產生了興致。他對媽媽說："上學沒有意思，我想退學去研究動物，那多有趣呀！"

媽媽看着小大人樣的兒子笑了，然後說："你想研究動物，媽媽支持你。只是你瞭解多少動物，拿什麼去研究動物呢？"

兒子聽了媽媽的話，就問："那我怎樣才能去研究動物呢？"

媽媽說："想當一個動物學家，首先需要把基礎知識打牢固，要學習很多方面的知識，如果你以後想成為一名動物學家，就應該從現在開始做準備，那上學的事該怎麼解決？"

兒子高興地說："我要好好上學，為以後研究動物做準備。"

孩子在接觸到新鮮事物時，會自然而然地萌發理想，父母覺得孩子的理想是合理的，就應該給予支持。但支持應以孩子的現實準備為基礎，進行適當的啟發和引導，這樣，孩子就很容易接受父母的建議。

寬容
孩子的
不足之處

青禾的爸爸對青禾期望值很高，管教得也非常嚴格。

　　剛上小學一年級，青禾的成績還不是太理想，在班上處於中游，期末考試時，數學考了 82 分。

　　這天傍晚，青禾拿着考試成績高高興興地回家。

　　可到家後，爸爸看到青禾沒有達到優秀，頓時火冒三丈，大聲訓斥道："剛上學就考個良好，以後還能好嗎？讓你認真複習，你三心二意，你瞧瞧你考的這成績！"

　　青禾小心地辯解道："考試前我認真地複習了，可是我複習的大多數都沒有考。"

　　"還敢狡辯，看我不打斷你的腿！"爸爸不容青禾解釋，抓住他，狠抽起來。

　　青禾一邊掙扎一邊喊："班上還有比我考得差的呢！"爸爸聽了這話更是生氣，反而打得更厲害了。青禾忍不住大聲哭了起來。

　　青禾的哭聲驚動了鄰居，大家都過來看發生了什麼事。青禾又氣又惱，恨不得在大家面前消失。

　　自從被爸爸痛打以後，青禾就越來越對學習反感。他心想：反正我在爸爸的眼中是個學習不好、又不愛學習的孩子，乾脆就不學了，於是，他的成績越來越糟糕。

　　孩子都有不足之處，班上有那麼多的孩子，不可能每個孩子都考第一，總有孩子成績會差一些。當孩子沒有考好時，可能有多方面的因素，這時候，孩子需要父母的寬容和理解。多給孩子一些寬容和理解，孩子就會從父母的寬容中找到重新振作的勇氣。

如若父母對孩子只是一味地斥責，甚至打罵，容易使孩子產生逆反心理，從而消極對待父母的要求，逐漸喪失對父母的信任。

也許孩子一時成績很差，只要父母調整好心態，給孩子最大的寬容與理解，使孩子在父母的寬容中找到自信，有時會產生驚人的效果。

小偉的媽媽第一次去幼稚園開家長會就讓她非常沮喪。

幼稚園的老師對她說："你家小偉注意力特別分散，在板橙上坐不了三分鐘，可能是患了多動症。你抽空帶孩子到醫院查查，別耽誤了孩子。"

回家的路上，小偉問媽媽："老師都說了些什麼？"媽媽雖然心情很糟，可還是高興地告訴孩子："老師誇獎了你，說你原來在板橙上坐不了一分鐘，現在能坐三分鐘了。其他小朋友的媽媽都羨慕媽媽，因為老師說全班只有你的進步最大。"

從此後，小偉總是乖乖地堅持多坐一會兒。

剛上小學的第一次測驗成績出來後，老師特意找到小偉的媽媽，很誠懇地說："你家小偉數學只考了 20 分。他可能智力上有障礙，最好帶他到醫院查查。"

媽媽在回家的路上痛哭了一場，但是回家後，她對兒子說："老師說你很有潛力，只要再細心些，努力些，就能趕上你的同桌。"

兒子沮喪的臉變得開朗起來，眼神也充滿了自信。第二天放學回家，小偉很自覺地寫作業。

初中開家長會，老師沒有找小偉的媽媽，媽媽在家長會結束後特意去找老師。

老師說："你的孩子考重點中學可能有點懸。"

聽到老師的話，媽媽並沒有失落，反而欣喜地回家了。回到家裡，孩子正在等她。她拉着孩子的手，心裡有說不出的高興。她告訴兒子："班主任老師對你考重點中學很有信心，她說你再加把勁，很有希望上重點中學。"

高考結束後，兒子被國內一所重點大學錄取。他哭了，抱住媽媽說："我知道自己是什麼樣子，是媽媽一直支持我……"

可見，父母寬容孩子，就會鼓勵孩子克服不足，從而充分發揮自己的優勢。父母能寬容孩子的不足之處，就能使孩子在遭遇挫折時，從父母那裡獲取無窮的力量，從而獲取自信，一步步地走向成功的彼岸。

"鴨媽媽" 的故事

　　奧地利生理學家康拉德·洛倫茲從小就對家裡的小動物特別感興趣，每天總是在院子裡觀看雞、鴨、鵝等小動物。

　　洛倫茲的父親是一位著名的骨科醫生。他希望兒子將來能繼承自己的事業，也做一名受人尊敬的醫生。但是，洛倫茲似乎對學醫並不感興趣。

　　一天，洛倫茲又在院子裡觀看鴨子，過了好長時間，他一直待在那裡。父親對洛倫茲有些不滿，他說："康拉德，你不能總是對這些小動物感興趣，你應該像爸爸一樣去學醫，將來也做一名醫生。"

　　洛倫茲卻一本正經地對父親說："不，爸爸，我確實只對這些小動物感興趣，難道我長大了不可以研究小動物嗎？"

　　父親勸告他："孩子，不要只顧自己的興趣，學醫才是正經事。"

　　洛倫茲有些不理解，他問父親："爸爸，你知道為什麼小鴨子剛孵出不久，就能夠認得自己的母親？為什麼它們總是很快就能夠找到自己的同伴呢？"

　　"這、這……"精通醫學的父親被問倒了，他對兒子說，"好吧，爸爸支持你研究這些小動物，但是，你還是應該學醫。"

　　看到父親支持自己的興趣，洛倫茲高興地答應父親去學醫。

從此，小洛倫茲一邊研究他的小動物，一邊學醫。在父親的支持下，他還建立了一個小實驗室。

　　為了研究小野鴨為什麼能夠一破殼就認得自己的母親，洛倫茲找來一些受精的鴨蛋，並讓一隻老母雞來孵小野鴨。洛倫茲總是仔細地觀察老母雞孵野鴨的過程。

　　結果，他發現這些剛出世的小野鴨都能夠一破殼就緊緊地跟着老母雞。

　　洛倫茲想："小野鴨是不是根據母雞的咕咕叫聲來辨認自己媽媽的？"於是，他把幾隻沒有破殼的小野鴨放到另一間房子裡，與老母雞分開。然後，他自己模仿母雞"咕咕"地叫着。他興奮地發現，這些剛破殼的小家伙居然緊緊地跟在了他的身後。原來，這些小家伙上當了，它們把洛倫茲誤當成老母雞了！看着這些可愛的小家伙緊緊地跟着自己，洛倫茲哈哈大笑。

　　父親看到這種情形，高興地對兒子說："親愛的，你都快成鴨媽媽了！"

　　洛倫茲憑着濃厚的興趣，不斷地研究着他的小動物。後來，洛倫茲在研究過程中發現，在動物的神經系統中，具有一種生來就有的釋放機制，這種機制對釋放者存在着一觸即發的特殊反應，這就是洛倫茲在觀察中得出動物銘記能力的真相。

　　1973 年，洛倫茲由於這一重要的發現而獲得了諾貝爾生理學及醫學獎。"鴨媽媽"的美名也傳開了。

第 ④ 章

讓孩子學會自我控制

要想使自己成為一個注意力很強的人，最好的方法是，無論幹什麼事，都不能漫不經心！

——蘇聯心理學家　普拉托諾夫

第 **31** 種方法

讓孩子
遵守合理的
作息制度

孩子心理過程的隨意性很強，自我控制能力較差。常常是一邊吃飯，一邊玩耍；一件事情還沒有做完，心裡又想着另一件事情；做事總是雜亂無章，缺乏條理。這時候，父母如果不加注意，就會讓孩子養成"拖拉"的壞習慣，久而久之，這種壞習慣會根深蒂固。

時間對孩子來說非常抽象，所以，他們一般體會不到時間的重要性。但是，父母一定要堅持讓孩子養成有規律的作息習慣。

良好的作息習慣是養成時間觀念的前提。父母可以和孩子一起制訂一張作息時間表，什麼時間起床，洗漱要多長時間，吃早餐要多少時間，放學後先做什麼，然後做什麼，幾點睡覺等，都可以讓孩子作出合理的安排。只有把作息時間固定下來，形成習慣，孩子才能對時間有一個明確的認識，才能養成良好的時間觀念。

弗蘭克林是美國著名的科學家、《獨立宣言》的起草人之一。有人問他："您怎麼能夠做那麼多的事情呢？而上帝也不多給您一點兒時間呀！"

"你看一看我的時間表就知道了。"弗蘭克林答道。他的作息時間表是什麼樣子的呢？

5點起床，規劃一天的事務，並自問："我這一天要做好什麼事？"

8 點至 11 點，14 點至 17 點，工作。

12 點至 13 點，閱讀、吃午飯。

18 點至 21 點，吃晚飯、談話、娛樂、回顧一天的工作，並自問："我今天做好了什麼事？"

朋友勸弗蘭克林說："天天如此，是不是過於……"

"你熱愛生命嗎？"弗蘭克林擺擺手，打斷了朋友的談話，說："那麼，別浪費時間，因為時間是組成生命的材料。"

在孩子的作息時間中，學習時間一定要固定下來，父母必須規定孩子在一定的時間內進行學習。中小學生的作業一般需用一兩個小時，週末的作業量會多一些。父母應該事先與孩子商量好做作業時間、中間休息的時間，然後按規定進行。規定孩子在一定的時間內必須學習會使孩子具有一定的緊迫感，集中注意力，從而提高學習效率。

父母一定要注意，在孩子高品質高效率地提前完成學習任務時，千萬不可以再追加作業，這樣會造成孩子的反感，從而對學習感到厭煩。正確的做法是表揚孩子的高品質學習，並獎勵孩子一定的時間來休息和娛樂。

需要強調的是，父母在培養孩子作息有規律的良好習慣時，也應對自己提出遵守時間的要求。說好 6 點起床，絕不賴床到 7 點，說好 9 點睡覺，不要因為有好看的電視節目而拖延時間。同時，父母在工作、生活、言行等方面都要儘量做遵守時間的榜樣，辦事不拖拖拉拉，還可以幫助孩子把重要的事情用圖畫、做標記的形式記在日曆上。

　　在引導孩子養成遵時守時的好習慣時，家長和孩子不妨做個決定，相互監督。不管是誰，如果沒有做到遵守作息制度，就應該有一點小懲罰。如果孩子遵守了作息制度，就應該給予小獎勵。當然，不管是獎勵還是懲罰，都應該及時兌現。

第 **32** 種方法

讓孩子
學會給自己
規定期限

小文最喜歡看的卡通電視節目就要播放了，小文在電視機前面高興得手舞足蹈。突然，"砰"的一聲，爸爸把電視機關上了，並對小文大吼："功課還沒做就想看電視，沒門！"

　　小文看着爸爸生氣的樣子，也不敢抗議，只得乖乖地坐在桌子旁做作業。

　　作業做完了，小文又想去看電視卡通片，爸爸拿着作業本檢查完大怒道："瞧瞧你，都寫了些什麼？字寫得這樣難看，數學題十道錯了七道，抄課文也是錯誤百出，我看你是心不在焉。"

　　小文小聲嘀咕道："我覺得我寫得很好！"

　　其實，家庭中出現這樣的事情，父母是有責任的。採取強硬的態度讓孩子按照時間計劃行事，只能招致孩子的怨恨。孩子無力與大人對抗，只能拿作業出氣，當然不能專心地做作業，結果當然不好。但是，如果父母能夠讓孩子學會給自己規定期限，那麼，孩子就會在做作業的時候專心一點。

　　小志做事非常磨蹭，本來沒有多少作業，卻非要拖到很晚，熬得媽媽又氣又急。

　　有一次，媽媽想了一個辦法。她跟小志約定，做作業的時間只有半小時。然後，媽媽把鬧鐘上好，同時，小志開始做作業。半小時一到，鬧鐘就響起來，小志還差兩道題目沒做完。小志向媽媽投來求助的眼神，但是，媽媽毫不猶豫地說："時間到了，你不要做了，睡覺吧。"

第二天，媽媽把小志沒做完作業的原因告訴了老師，老師也支持媽媽的方法。這天晚上，媽媽又上好了鬧鐘，小志一開始做作業就很抓緊時間，效率明顯提高，居然順利地在半小時內做完了作業。

從這以後，小志做作業的速度和品質都提高了。而且，做其他事情的時候，他都會有意識地給自己設定一個時限，有計劃地去做了。

在為孩子制定時間期限時，也要注重必要的靈活性，如避免具體規定每天幾點幾分做作業，幾點幾分看電視，做作業在多長時間內，看電視在多長時間內等。

在讓孩子學會自己規定期限的過程中，父母要與孩子一起討論，讓孩子參與進來，依據孩子的喜好制定學習時間期限，這樣，孩子就會樂於接受。當孩子在規定的時間段學習時，就會把精力集中在學習上。當孩子管不住自己時，遇到父母提醒，孩子也不會有逆反心理，堅持下去，孩子就會學會給自己規定時間期限。

　　小麗今年要上三年級了，在開學的第一天，媽媽就同小麗一起制定了作息時間表。

　　媽媽說放學了先寫作業，然後看動畫片。小麗不高興了，說上了三年級，作業加多了，等做完了作業，播放動畫片的時間也早已過去了。

　　媽媽就說，如果這樣，可以先做數學作業，等看完動畫片再做語文作業。

　　小麗很高興，對媽媽說："我會遵守這個時間表，做作業時就認真做作業，看動畫片時也能放心大膽地看了，我感謝媽媽理解我。"

　　從這天開始，小麗的學習再沒讓媽媽操心過，母女倆也沒有因為電視問題而發生過爭執。

　　父母在培養孩子的時間觀念時，讓孩子學習自己安排時間時，也要循序漸進，要根據孩子的特點，制定符合孩子特點的學習期限，幫助孩子有規律地生活、學習，並讓孩子在規定的期限內養成專心的好習慣。

第**33**種方法

提高孩子自我
控制的能力

艾思奇是個馬克思主義哲學家。

他是個非常喜歡讀書的人，讀書的時候總是全身心沉浸在書本當中，完全不知道周圍發生了什麼事。

他在《讀書生活》雜誌社工作時，工作負擔非常重。家裡人怕他累壞了，就借來一架留聲機放在他的辦公桌上，希望他能聽聽美妙的音樂，在音樂聲中鬆弛一下繃得太緊的神經。但是，艾思奇讀書的時候根本就聽不到音樂聲，不管音樂聲有多大，他還是埋頭讀書、工作。

當然，艾思奇這種不受外界環境干擾的能力並不是生來就有的，他從小就注意訓練自己排除周圍的干擾，認真讀書。

他在昆明市一中上學時，就常常故意到亂哄哄的街市邊上或操場上去讀書。這樣，一次一次下來，艾思奇居然能夠對周圍的事物視而不見，聽而不聞。

後來，他到日本求學，課餘時間，其他同學喜歡聊天、唱歌、跳舞，只有艾思奇一個人坐在牆角，埋頭看書。同學們認為艾思奇在這種吵鬧的環境中是看不進書的，有個同學還特意搶過艾思奇看的書，問道："剛才你看的是第幾頁，什麼內容？"沒想到，艾思奇居然能夠對答如流。同學們個個佩服得五體投地。

像這樣能夠控制自己而在嘈雜的環境中讀書的例子很多。

著名物理學家李政道博士年輕的時候，沒有安靜的環境讓他讀書，他只能在吵鬧的茶館角落裡讀書。剛開始，嘈雜的聲音讓他覺得頭暈目眩，無法集中注意力，但是，他努力控制自己，強迫自己把注意力集中在書本上。經過一段時間的鍛煉，以後不管遇到怎樣吵鬧的環境，他都能夠專心致志地讀書。

讓孩子學會控制自己的行為，父母要幫助孩子建立"可"、"否"的觀念，讓孩子明確什麼是可以做的、什麼是不可以做的，事先在腦海中有一個判斷是非好壞的標準，按照這個標準，孩子才能認識到自己行為是否正確，才能學會控制自我。

作為父母，既要注意培養孩子的自制力，也應該明白自制力不是一夜之間產生的，也不是下決心就可以立時形成的，其形成需要一個過程。

當孩子年齡小時，由於注意力不穩定、自控能力較差，做事往往有頭無尾，這時，父母根據孩子的這一特點，可從孩子的生活習慣入手，先提一些小的要求，比如收拾自己的房間。父母可以先做示範，然後再提要求。第一週時，要求收拾自己的衣服，如果這很容易做到，第二週時增加整理床上的被服。如果這也做得很好，就要求他把房間也打掃乾淨。讓孩子逐步地學會控制、約束自己的行為，去完整地做好每一件事。當孩子的行為變成一種習慣時，自制力也就自然而然地形成了。

父母也可以通過制定家庭規則來指導家庭成員共同遵守。例如，進別人房間前要先敲門；晚上不能太晚回家；未經家人同意不能在外留宿；下棋、玩遊戲要按規則決定勝負；說錯話或做錯事時要禮貌道歉；看電視時不要干擾別人。即使家長違規也要自覺受罰，讓孩子懂得規則的嚴肅性。

當然，父母在制定規則的時候，要跟孩子講清楚為什麼要這樣，比如，未經家人同意而在外留宿會讓家人擔心，這樣孩子會比較好接受。

如果孩子不太情願，父母可在平等的基礎上與孩子簽訂協定，把家長需要達到的教育目標轉化為孩子的內在要求和自覺行動，這有利於孩子自我約束意識的形成和自我管理能力的提高，使孩子更好地適應競爭日益激烈的社會。

由於孩子能力所限，在做事情的過程中，難免會遇到困難和挫折，父母一方面要讓孩子懂得做事的目的，另一方面，要引導孩子提高克服困難的能力，讓孩子擔負起做事的責任。這樣，孩子在做事的時候，就會集中自己的注意力，把事情做好，即使遇到困難，也會想辦法克服。

總之，父母在管教孩子的過程當中，要注重把對孩子外在的約束力轉化為他們內心的自我控制的能力。

第**34**種方法

控制
孩子的多動

　　曾經有一位幼稚園校長說，他們那裡每個班都會有個別孩子沒有學習興趣，坐不住還影響別人，讓老師挺頭疼的。

　　這些孩子最大的特點是，智力正常但管不住自己的言行舉止，注意力不集中或注意力維持時間太短，不足以完成很短的教育活動，為此家長也很心焦，怎麼自己的孩子不知不覺地就像是患了多動症呢？

　　其實，這些孩子並不是患了什麼多動症，只是集中不了自己的注意力。

　　1-2 歲幼兒的注意力不能維持較長時間，這是正常的。這時期小兒的大腦發育還不夠成熟，興奮和抑制過程不能平衡，興奮性較高，容易受外界影響，注意力不集中，不能穩定地較長時間地幹一件事。另一方面，這個年齡段的孩子，特點就是多動，他意識集中的時間一般只能是 3-5 分鐘。如果孩子不能集中精力幹一件事，一分鐘也坐不住，不一定是多動症，可能是從小沒養成良好的習慣。

　　雖然注意力不集中，易分心，是所有孩子的共性，而且年齡越小，控制注意力的時間越短，但這些情況對孩子今後的學習和生活確有很大的負面影響。現實生活中有些孩子的情況更糟，幾乎片刻不停，忙忙碌碌，被各種事物所吸引，雖然他們也有興趣愛好，但對感興趣之事也無法主動集中注意力。像這類孩子就具有注意力分散度較大的氣質特點，應該及早給予幫助，否則到學齡時期就會出現多動症症狀，影響學習，影響紀律。

這就要求家長要有意識地去訓練孩子的注意力，有效地控制孩子的多動。可以通過訓練或在遊戲活動中，使孩子的有效注意力集中長達 30 分鐘左右。

父母在訓練孩子的注意力開始前，先要尋找孩子的興趣愛好，然後在他的愛好中挑選文靜的活動，如講故事、畫圖、拼板……從這些內容開始訓練注意力，每日多次，每次幾分鐘，直到注意力不能再集中時停止。

當然也可以挑選講故事作為訓練注意力的項目之一，具體做法是：講故事前，先與孩子面對着面，手拉着手坐好，再開始有聲有色地為孩子講故事，並經常用眼神、體態和語言與孩子交流，還可用提問形式讓孩子參與講故事。到發現孩子的注意力實在無法堅持集中時，立即宣佈"今天故事講到這裡，明天繼續"。

隨着聽故事時間的延長、注意力的提高，可以發展到讓孩子聽電台裡廣播的故事。其他活動形式也可按類似方式進行。

訓練剛開始時，可能孩子合作得不太好，父母這時切忌打罵，否則他們會對訓練產生厭惡情緒而無法深入下去。訓練內容一定要圍繞着玩兒，切忌認字、寫字或課堂式教育。訓練時間長短一定要根據孩子的年齡與特徵決定，切忌用成人的標準去衡量與要求小孩。注意了以上幾點，訓練才會收到良好的效果。

第 **35** 種方法

讓孩子
學會緩解
自己的焦慮

　　小軍現在已經上高三了，突然覺得自己沒辦法進入學習狀態，討厭好多東西，感覺沒辦法靜下心來把自己放在一個高三學生的位置上。小軍心裡不是不着急，有時也害怕辜負了父母的期望，但手裡拿着一本書，就是沒辦法安下心來看。每天都是沒精打采的，上課也聽不進去。他對自己喪失了信心，感覺自己根本沒有能力考上理想的大學。每天昏頭昏腦，不知道明天會怎樣，也不知道為什麼出路只有上大學呢。心裡感覺特別累，總之很鬱悶。

　　從這個學生的狀況，我們可以看出之所以這個孩子難以進入學習狀態，主要是因為焦慮、身心疲憊、情緒低落、煩悶。

　　焦慮是孩子即將面對重大事情時經常會出現的一種情緒。其實，焦慮本身並不一定是壞情緒。心理學研究表明：在焦慮適度的情況下，孩子的學習效率隨着焦慮的增強而呈上升趨勢。這說明，焦慮本身具有動力和啟動作用，它能啟動孩子體內的有關物質和系統，從而激發孩子的潛在能量，推動孩子去積極地學習，使學習更有效率。

　　但是，過度的焦慮卻會帶來一系列的副作用。孩子的焦慮一旦超過了心理承受能力，學習效率就會隨着焦慮水準的增強而不斷下降。如果在考試中出現焦慮的情緒，則會導致不能發揮正常的水準而使考試成績不理想。

小軍的情況就是遇到了焦慮情緒。過度的焦慮使他產生了注意力不集中、無法正常學習的情況。其實這還表明小軍不會緩解自己的疲勞、緩解自身的壓力。

高考和升學能夠引起高三學生的高度緊張，產生巨大壓力，使他們感到身心俱疲，但高考和升學的壓力伴隨高三學生持續長達一年，而且是每個高三學生必須適應和應對的，這會造成孩子的身心疲勞。這就需要家長特別關注孩子的心理變化，及時幫助孩子學會緩解自己的疲勞狀態，進行心理調整。

心理學研究表明，孩子如果長時間處於緊張狀態或從事單調活動，便會引起疲勞，降低覺醒水準，使注意力渙散。

父母要善於察覺孩子的焦慮，並幫助孩子緩和焦慮情緒。

怎樣憑經驗觀察孩子是否焦慮？

一、觀察孩子的神情

孩子往往不善於掩飾自己的情緒，當孩子焦慮時，往往表現得異常緊張，父母可以從孩子的神情中發現孩子的異樣。

二、觀察孩子的行為

當孩子過度焦慮時，他的行為表現常常有明顯的變化，比如，平時活潑好動的孩子突然變得文靜起來；平時安靜乖巧的孩子突然變得煩躁起來；孩子總是坐立不安，拿起這個，又放下那個，等等，這些反常的行為都預示着孩子可能正遭受着焦慮情緒的煎熬。

三、觀察孩子的語言

當孩子比較焦慮時，性格外向的孩子往往能夠直接說出來，父母容易從孩子的語言中發現；但是，性格內向的孩子則會變得更加少言寡語，這時，父母就要關注一下孩子的反常了。

四、觀察孩子的生理反應

多數過度焦慮的孩子，往往會產生一系列的生理反應：不思茶飯，哈欠不已，頭疼，舊病復發等。當孩子出現這些反常的生理反應時，也許就是過度焦慮造成的。

當發現孩子過度焦慮時，家長可以通過幫助孩子改變單調的學習方式來幫助孩子增強注意力，比如，用一些彩色筆勾畫書本，購買一些音像版的相關學習資料，讓孩子聽聽喜歡的音樂，重新安排每日的作息時間，調整學習的順序和科目等，這些變化可以給孩子新的視覺、聽覺等感覺刺激，即使是學習相同的內容，孩子也會覺得有新鮮感，或多或少地能重新調動起孩子的學習注意力。

當孩子的身心覺得疲勞時，家長怎樣讓孩子身心得到更好的休息呢？

其實，得到充分休息的有效方法是：睡覺、體育鍛煉、體力勞動。所以家長不妨讓孩子多睡覺，或和孩子一起做做體育活動，相約一起去爬山，當然也可以讓孩子幫助家長做點家務勞動。真正充分的休息才能解除身心的疲勞感，迅速恢復體力和精力，這樣也可以增強孩子學習時的注意力。

第 **36** 種方法

讓孩子
多參加
體育鍛煉

現在的父母雖然都重視孩子的健康，但側重點還是放在飲食和保健品上，特別是為了防止孩子生病，父母總希望買一些保健品來增強孩子的免疫力。而把鍛煉身體作為增強孩子的抗病能力、訓練孩子的注意力的這一最佳方法卻一直被父母忽視。

其實，不管是調皮的孩子還是文靜的孩子，他們都需要做運動。因為，多做運動進行身體鍛煉不僅為孩子的健康提供了保障，而且對孩子的注意力的發展和心理健康也有所幫助。

進行體育鍛煉要適合孩子的年齡、成熟度等，當孩子開始走路時，父母就可以鼓勵孩子嘗試各種能促進基本運動技能開發的運動，如跑、跳、平衡、踢、扔、抓。由於嬰兒只能在短時間內集中注意力，所以要經常改變活動形式，使體育活動具有吸引力。

當然，孩子在六歲前，身體發育還不成熟，所以，父母可以不要求孩子參加那些整體性運動。六歲以後的孩子，身體發育逐漸成熟，運動技能也更加全面，所以可以參加一些整體性體育活動。但是，不要將孩子的體育鍛煉項目限制在有組織的團隊或遊戲中。簡單的散步和跑步，以及釣魚和郊遊都是很好的選擇。

在進行體育鍛煉時，由於鍛煉時體內能分泌內啡肽，這種化學物質能使人產生興奮的感覺。鍛煉時全身血液的含氧量增加，也會使人精神飽滿、感覺靈敏、注意力增強，不僅鍛煉了身體，而且使人心情愉快。

家長在引導孩子鍛煉身體時，要使鍛煉取得實效，就必須注重科學鍛煉，否則會事倍功半，甚至事與願違。當然進行體育鍛煉時要注意：

第一，體育鍛煉要循序漸進，不能一口吃成個大胖子。

有些家長和孩子看到別人家的孩子身體好，素質好，也想練出這樣的效果，殊不知，一開始就硬幹蠻練，不但不能收到良好的鍛煉效果，反而還會練出毛病來。因此，剛參加體育鍛煉的孩子，一定要做到運動量由小到大，運動強度逐漸加強，技術難度也要由易到難。鍛煉時間長了，就可逐步地加大運動量和運動強度，以及運動項目的難度。達到增強意志力、鍛煉好身體的目的。

第二，體育鍛煉全面發展。

堅持全面就是要求孩子鍛煉的項目多樣化，使孩子的全身各部分都能得到鍛煉，從而均衡地發展。因此，少年兒童體育鍛煉的內容應豐富多彩，跑步、跳遠、投擲、球類、體操等都可作為體育鍛煉的內容。

第三，體育鍛煉要做到持之以恆。

俗話說："冬練三九，夏練三伏。"體育鍛煉強身健體的效果不是一次兩次、一天兩天就能達到的，要經過長時間的堅持不斷的鍛煉，才能收到實效。而且，堅持不懈地開展體育鍛煉活動，還有利於培養兒童的意志力、自制力和注意力，使之形成良好的個性品質。

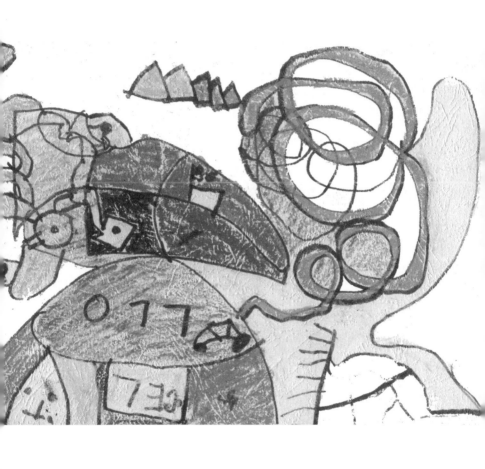

第 **37** 種方法

讓孩子
主動提高
學習效率

小華是高二年級的一名女生，她學習刻苦用功，幾乎沒有哪一個同學能與她相比，同學們私下裡給她起了一個外號叫"學習機器"。只要看到她鼻樑上的那副又大又厚的眼鏡，就會明白她學習有多認真。

　　她在課上從不做小動作，認真記下老師講的每一句話，課後佈置的作業規規矩矩地完成。和她在一塊的女生說，她除了吃飯、睡覺外，不放過任何看書的機會。連走路、上廁所等，也在背英語單詞。

　　班主任每每訓斥那些不認真學習的學生時，總會拿小華當榜樣："你要是能有小華同學十分之一的學習勁頭，我保證你準能考上北大或者清華。"

　　可是，小華的學習成績卻很一般。

　　所以，許多同學都在私下裡說："像她這樣學得昏天黑地，成績還是不怎樣，不知道她的腦袋是不是有問題。"

　　後來，高考時，小華也沒有過線。

　　其實，小華的癥結還是在於學習效率不高，看似時時在學習，可注意的效率卻很低，因為注意力不可能長時間地穩定在一件事情上，也就是說，即使不放過任何一個學習的機會，可是，注意力集中在學習上的效率卻不高，最後，只能事倍功半。

　　這樣的問題在許多孩子身上或多或少地存在着。面對這樣的孩子，許多父母也十分為難，不知道該怎麼辦才好。孩子已經很用功了，再抱怨孩子也於心不忍。而孩子自己，肯定也比誰都着急。

通常來說，學習好的孩子並不是那些最用功的孩子，而是那些學習效率高的孩子。有些家長不瞭解孩子的學習心理規律，反而限制孩子的娛樂時間，整天逼着孩子學習，孩子看似在學習，其實心不知飛到了何處，一天到晚都坐在書桌前，事實上根本就沒有學進去。

要讓孩子提高學習效率，就要瞭解孩子的學習心理規律，處理好學和玩的關係。在學習時，讓孩子把注意力都集中在學習上，做到心無二用；在玩的時候，就讓孩子痛痛快快地玩。當孩子的學習效率提高了，對學習感到輕鬆了，便會進一步激發他們學習的積極性，促使他們主動地學習。

同時，父母要幫助孩子化解學習中存在的壓力，讓孩子學會分割學習目標，一點一點去完成難度較大的學習問題。

一位孩子放學回家時嘟着嘴對媽媽說：“老師也真是的，一口氣讓我們完成 60 道題，怎麼做得完呀？”

媽媽一聽，就對孩子說：“是呀，60 道題也太多了點。這樣吧，你每次做 20 道，每做完 20 道題就拿給我看看。”

在媽媽的鼓勵下，孩子開始認真地做起題來。

　　不一會兒，孩子完成了 20 道，媽媽看了後，鼓勵道："都做對了，真不錯！我相信你做下面的題也很輕鬆！"

　　又過了一會兒，孩子又完成了 20 道，媽媽看了後，誇獎道："這次又全對，真棒！現在只剩下最後 20 道題了，這不是小菜一碟嗎？"

　　結果，孩子很快就完成了最後 20 道題，而且又是全對。媽媽跟爸爸也說了這事，爸爸稱讚道："我兒子就是聰明，有什麼題能夠難倒我兒子呢？"

　　從此，孩子總是在保證品質的情況下，快速地完成家庭作業。每次，父母都會誇獎他，並讓孩子自由玩耍。孩子學習的效率更高了。

　　這位媽媽的高明在於，幫助孩子從心理上減輕了負擔，使孩子能夠高效率地投入到學習當中，從而提高了學習的效率。

第 **38** 種方法

讓孩子
獨立完成作業

許多家長在孩子做完作業之後，就幫助孩子檢查作業，發現錯誤之後，就立即指出，並說出答案讓孩子改正。如果家長總是這樣，孩子就只管假裝"認真"地做作業，而不問對錯，心想，反正有爸爸媽媽給我"把關"。長期下去，孩子不僅容易注意力渙散，而且會失去自我判斷作業正誤的能力。

　　我們來看看一位聰明的母親是如何做的：

　　小莉的媽媽常常檢查小莉的作業，對於小莉做錯的地方，她從不告訴孩子答案，而是要求孩子做完作業後自己檢查訂正。

　　一天深夜，小莉媽媽結束完工作後，像往常一樣打開孩子的作業本，發現老師在一道題上打了一個紅叉，寫着"重做"兩個字。媽媽接着往後看，看到小莉把這道題重做了。可是，重做的結果竟然和原來的一樣。媽媽就認真地檢查小莉的運算過程，發現兩次都是一樣的，而且是正確的。那麼，為什麼老師會讓小莉重做呢？於是，媽媽找來了小莉的課本，翻看課本一看才發現，原來小莉抄錯題了。

　　冬天的天氣很冷，可是，媽媽還是毫不猶豫地把小莉從被窩裡叫了起來。媽媽沒有告訴小莉抄錯題目了，只說讓她重新檢查。

　　小莉檢查了一遍，說："沒錯。"

　　"沒錯？那老師怎麼讓你重做呢？"媽媽不信任地看着小莉。

於是，小莉又認真地檢查了重做的那道題，然後用奇怪而詫異的眼光看着媽媽說："確實沒錯嘛！"

　　"那是老師批錯了？"媽媽平靜地說，"你再好好想想。"

　　小莉裹着被子，愣了好長時間，猛然想起什麼。她趕緊打開課本，才知道是自己抄錯題目了。小莉的臉紅了，馬上改正過來，並重新做了一遍。看到孩子找到了自己的錯誤，媽媽及時表揚了她。

　　這位媽媽的做法是非常明智的，因為她知道，這不是簡單地對抄錯題的改正，而是對孩子的專注力、自我判斷能力的一次鍛煉。大量的事實表明，即使孩子單獨做的作業得分不高，完成的品質也不是很高，但孩子的注意力以及自信心卻能得到很好的鍛煉。可見，從長遠來看，家長幫助孩子完成家庭作業，對孩子沒有什麼幫助。

　　孩子完成家庭作業的重點在於過程而不是結果，獨立完成作業的過程，其實是對孩子注意力和獨立性的培養過程，這個過程可能需要很長時間，作為家長要有耐心，要引導孩子養成獨立完成家庭作業的好習慣。

第 **39** 種方法

讓孩子在一定時間內專心做好一件事

常聽有些父母說："我的孩子做事效率低，做作業動作慢，一邊寫一邊玩。"

孩子學習的最大"敵人"就是注意力渙散。有的孩子在做作業時，腦海裡想到的是電視機裡正在播放的他們最感興趣的動畫片。有的孩子做作業時，無意識地東張西望，心猿意馬。有的孩子甚至是一邊看電視，一邊做作業。很多父母向老師抱怨，孩子只需十分鐘完成的作業卻兩個小時還完成不了。

有些父母覺得孩子動作慢，不允許孩子休息，還嘮叨個沒完，使他們產生抵觸心理，效果反而不好。父母要注意培養孩子在某一時間內做好一件事的能力，不要讓孩子一邊學習一邊做其他事情。對於家庭作業父母要幫他們安排一下，做完一門功課可以允許休息一會兒，不要讓孩子太疲勞。

第一，讓孩子在規定時間內分階段完成學習任務。

一般來說，老師和父母嚴格要求在一定時間內完成的作業，孩子會集中精力在規定的時間內完成。因此，父母應該要求孩子在規定的時間內集中注意力，認真完成作業，然後讓孩子適度地放鬆。

如果孩子的作業量超過了孩子注意力穩定的時間，應該讓孩子分割作業，一部分一部分地來完成，這樣不僅有利於集中孩子的注意力，而且能夠使孩子的學習有張有弛，提高學習效率。如果父母不允許孩子中途休息，長時間地讓孩子做作業，甚至在孩子的旁邊嘮叨沒完，容易使孩子產生抵觸心理，從而失去學習的興趣，注意力自然也不能集中。

研究表明，開始學習的頭幾分鐘，一般效率較低，隨後上升，15 分鐘後達到頂點。根據這一規律，可建議孩子先做一些較為容易的作業，在孩子注意力最集中的時間做較複雜的作業，除此之外，還可使口頭作業與書寫作業相互交替。

如果孩子能夠專心完成，父母要給予一定鼓勵和表揚，比如誇獎、愛撫、注視等，並讓孩子休息 5 至 10 分鐘，然後再以同樣的方式完成下面的學習。當孩子能夠做得很好時，可逐步延長一次性集中做題的時間。

第二，借助輔助工具來幫助孩子集中注意力。

要求孩子在審題的過程中，自己把題目的要求、條件用筆勾出來，以防止走神出錯。這些都可加強孩子的自信，讓他感覺"我能自覺集中精力做好一件事"。

第三，平時多鼓勵，不干擾孩子做他喜歡做的事情。

當孩子專注於做他的小手工製作或觀察小動物而忘記了吃飯時，父母切記不要干擾孩子，而是耐心地等他把工作完成。要知道，孩子沉浸於他的興趣的同時，就是在無意中培養注意力。

父母可在孩子做完他們的"工作"之後，給予孩子鼓勵："你能這麼專注地做好一件事情呀！"並及時和孩子分享他的感受，讓孩子有意識地把做這件事時的注意力遷移到其他事情中。

在日常生活中，當孩子出現缺乏耐力的表現時，往往是培養孩子耐性的最好時機。父母可以抓住機會與孩子做幾個能夠吸引孩子注意力的遊戲，引導孩子加強耐性。

　　遊戲 1：玩拼圖

　　拼圖是一種趣味性較強的智力遊戲，不僅可以吸引孩子的注意力，也可以提高孩子的思考力。對於年幼的孩子，可以先玩一些小些、簡單些的拼圖，讓孩子在玩的過程中能夠獲得成就感，隨着孩子年齡的增大，逐漸玩一些大些、複雜些的拼圖。

　　遊戲 2：找不同

　　比較兩張圖或者兩件相似的事物，找出不一樣的地方。

　　遊戲 3：扮鬼臉

　　與孩子一起扮鬼臉，看誰扮同一個鬼臉的時間長。

　　在做遊戲的過程中，父母應該陪同孩子一起進行。當孩子的耐性有點增強的時候，父母要及時鼓勵孩子，可以給孩子設立獎勵卡片，或者獎勵表格，讓孩子對於自己的進步獲得成就感。

　　事實上，注意力不集中的壞習慣是在長期生活中形成的，所以要想使孩子改掉這個壞習慣並不是一日之功可達到的，父母一定要具有耐心。

　　樂樂有這樣一個毛病，常常以為自己是被注意的中心。

　　有一天，樂樂穿了一件新衣服，他總以為眾人都在注視自己，心裡老想着這件事。正好，這天是期中考試成績揭曉的日子，試卷發下來了，樂樂一看，糟了，才 78 分！

平時樂樂的成績都在 90 分以上的，這次是怎麼了？

樂樂小心翼翼地把試卷塞進抽屜，老覺得同學以一種異樣的眼光看着自己，同學們圍在一起的時候，他總感覺他們在議論自己，看不起自己。

上課鈴響了，老師叫樂樂回答問題。要是在平時，樂樂雖緊張還能答出來，但是今天，樂樂感覺全班同學都在注視着自己，他害怕答錯了讓同學們恥笑，讓老師批評，樂樂越想越害怕，站在那裡竟然一句話都說不出來。

樂樂的問題主要在於，他老以為眾人在注視着自己，因此，過於把注意力集中在自己身上，從而無法展開自己的思維。實際上，別人可能根本沒有注意他，只是孩子自己的想法而已。

很多孩子都習慣於被他人所引導，從而影響注意力的集中。比如，當孩子受到誇獎的時候，他就會不自覺地飄飄然起來，做事情的時候會粗心得多；當孩子受到批評的時候，沮喪的情緒就會一直陪伴着他，從而使孩子無法集中注意力。

因此，父母要讓孩子學會不想自己，不要把注意力過分地放在自己身上，從而影響做其他事情。以下這種注意力的控制方法也被稱為"形象控制法"，是一位日本學者提出來的。

第一步，父母應該幫助孩子明確目標。

明確的目標可以讓孩子時刻想到自己的努力方向，比如，做個科學家、到英國留學等。父母可以要求孩子把目標寫下來，貼在醒目的地方，經常鼓勵自己努力實現這些目標。

第二步，要求孩子放鬆身心。

放鬆身心可以幫助孩子的大腦平靜下來，不使孩子總是想着自己，總是把注意力放在自己的身上。一方面，父母不要過於責備孩子，要以賞識的眼光看待孩子，減輕孩子的學習壓力；另一方面，父母要教孩子積極地看待事物，努力保持注意的心情，讓孩子學會對自己說："今天心情真不錯，注意力也很集中！"

第三步，父母要幫助孩子想像他過去的良好形象。

孩子的自信心是不穩定的，經常隨着外界的事物而發生變化，當孩子對自己缺乏信心的時候，父母要幫助孩子想像他曾經有過的良好形象及行為。比如，父母可以對孩子說："你還記得嗎？有一次，我跟媽媽說一件事情的時候，媽媽沒在意，你卻認真地聽了，結果媽媽還問你我跟他講了什麼事。""前陣子，媽媽給你講了一個故事，當時你的注意力特別集中，一下子就記住了，我一講完你就把故事複述出來了，媽媽還誇獎你聽得很認真。"通過引導孩子想像自己曾有的良好的形象，他能夠對自己的注意對象產生興趣，從而建立自信，更加有信心、有動力去有意識地注意事物。

小小飛行員

家長當指揮員,孩子當小小飛行員。

指揮員命令"演戲開始,上飛機",飛行員就單腳站立兩臂伸平保持 5 秒左右。指揮員命令"飛機起飛",就可以自由飛行;命令"飛行迷失方向",就原地閉目自轉;命令"飛機降落",就原地單腳站立一會兒。

遊戲前孩子要練習單腳站立和閉目原地自轉。練習自轉時家長要提醒孩子先順時針轉再逆時針轉,以免摔倒。鼓勵孩子不要怕累,堅持到最後才把另一腳落地。

親子感悟:

這個遊戲可以發展孩子的平衡能力和做事的耐力。

親子閱讀

顧炎武的"法寶"

顧炎武是我國明末清初著名的思想家和學者。

"天下興亡,匹夫有責。"這句名言就是顧炎武提出來的。

顧炎武自幼好學,6歲開始啟蒙學習,10歲就開始讀史書和文學名著了。11歲的時候,顧炎武的祖父蠡源公要求他讀完《資治通鑒》,並告誡說:"現在有的人圖省事,只瀏覽一下《綱目》之類的書便以為萬事皆瞭瞭,我認為這是不足取的。"這番話深深地印在了顧炎武的腦海中。從此,他在讀書的時候都要求自己老老實實讀,踏踏實實學。

顧炎武監督自己讀書的法寶有四個:

一是給自己規定了每天必須讀完的書籍量。他總是要求自己必須讀完幾卷書。

二是要求自己每天把所讀的書抄寫一遍,以加深記憶。當他讀完《資治通鑒》後,一部書就變成了兩部書。

三是要求自己在讀完一本書後寫下自己的心得體會。這些心得體會有一部分後來被彙編成著名的《日知錄》一書。

四是要求自己在每年春秋兩季溫習前半年讀過的書籍。他甚至規定自己每天溫習200頁,溫習的時候時而默讀,時而朗讀,發現問題,立刻翻書核對。

顧炎武就是這樣監督自己讀書的,結果他成了著名的思想家。

第 5 章

有意識地進行注意力訓練

天才——首先是不知疲勞的、目標明確的勞動，是在一定事物上集中注意力的能力。

——蘇聯作家 切列巴霍夫

第**40**種方法

有意注意
訓練

雨晴小時候很可愛也很聰明，她媽媽逢人就誇獎雨晴聰明。在雨晴一歲多的時候，媽媽本是無心地教孩子學數數，沒想到有一天媽媽帶雨晴去商場，看到商場裡掛着的價格牌子，小雨晴竟能自言自語地念出了"1、2、3……"，媽媽欣喜之餘，開始認認真真地教雨晴學數字。

　　為了對雨晴進行啟蒙教育，媽媽去書店專門為孩子買了數字圖，而且每個數字後面配上鮮豔的花朵、小動物，很好看。

　　雨晴看了一眼數字圖就喜歡上了，並且仔細地看着數字和鮮豔的圖案，讓媽媽教她，甚至連吃飯的時候也不願意放下手中的數字圖。

　　雨晴在媽媽的啟發下，數字沒認識幾個，倒把後面的圖案幾乎全認識了！

　　經過媽媽的一教再教，孩子也僅僅記住了幾個數字，如8、9。當然，能記住這兩個數字媽媽說也是有原因的，其中8和"爸爸"的發音有點相近，而9對雨晴來說，也不陌生，因為她經常聽爸爸說要喝酒。

　　對於其他的幾個數字，無論媽媽怎麼教，如何哄，雨晴都不肯學了。雨晴的新鮮勁還沒持續到兩天，她就再也不願去認識那些枯燥的數字了，只要媽媽提到讓她說數字，她就會心不在焉地岔開話題，媽媽要是強迫，她索性就溜了。看到雨晴的這個樣子，媽媽有些不甘心，怎麼辦呢？

其實，對於年幼的孩子，他的注意力總是隨着外界事物的刺激而不斷變化，主要是一種無意注意。但是，對孩子人生起重要作用的卻是有意注意。

培養孩子的有意注意很重要，小學低年級學生學習成績不好往往並非智力落後，而是由於注意力渙散，精神集中不起來。我們知道，對於學生來說，聽講是很重要的，如果孩子在上學初期不能形成良好的聽講習慣，那他以後的學習生涯會遇到很大困難。因此，父母應有意地為孩子創設一些活動，如看看書，下下棋，玩玩拼圖遊戲，使他們持久地沉浸在一種有趣的活動中，從而培養孩子漸漸學會集中精力做事。有可能的話，家長要多陪伴學前孩子一起做這些活動，這些活動都是需要集中注意力才能進行的，對培養孩子的有意注意很有益處。

在活動中，父母要儘量引導孩子精力集中，並讓孩子知道，生活中不僅是遊戲、學習，很多事都是需要集中注意力的。

例如，老師上課的時候，孩子必須注意聽老師所講的內容。但是，許多孩子往往對老師所講的內容不感興趣，因此注意力渙散，不能專心聽講。針對這種情況，父母要告訴孩子聽老師講課的重要性，教孩子努力找出老師講課有趣的地方，提高自己聽課的興趣。如果老師講課確實不怎麼有趣，很難提起孩子的興趣，這時候，父母不妨教孩子從聽課的目的性等方面去考慮。比如，教孩子告訴自己，聽了這堂課，下次考試就能考得好一些，或者，教孩子告誡自己，如果今天能把這位老師枯燥的課認真聽下來，表明自己的控制能力是非常強的。這都可以促進孩子的有意注意。

少年大學生郭震是這樣來控制自己的注意力的。他的方法就是"追老師"。

郭震是這樣解釋的："珠子穿成串，才能更好看，學知識也是這樣。課堂上，老師講課是一環扣一環的，有一環理解不好，課後就是花雙倍的時間，也很難補上。長此下去，就會越來越落後。所以我要求自己做到思路跟着老師轉，簡單地說，就叫'追老師'。"

郭震舉了個例子："有一次上課的時候，同桌跟我逗着玩，搶走了我的鋼筆，還扭我的手臂，我可真火了，正想回擊，突然想起，不能打斷思路。於是，我儘量忍耐住，沒耽誤聽講，也沒有影響別人。由於課堂上聽講效果好，做作業很省力，我就有了很多時間自學。從初二開始，我自學高中的數學課程，提前考入了大學。"郭震這種"追老師"的方法就是一種很好的有意注意的鍛煉。

許多父母給孩子交代事情時，生怕孩子沒記住，總是重複好幾遍，直至孩子厭煩，這就容易使孩子在聽別人說話時漫不經心，無法一次性地抓住別人所講的主要內容，習慣於不斷重複。因此，父母對孩子交代事情時最好只講一遍，讓孩子在第一遍聽的時候就集中注意力，抓住父母所交代的內容，這樣不斷地訓練可以提高孩子集中注意的能力。

第**41**種方法

注意專注訓練

　　欣宇是一個聰明活潑的三年級女孩，但就是上課聽講的效果不好。老師在上課的時候，總能發現欣宇的眼睛不是黯然無神，就是盯着窗外或者周圍其他的同學看，要不就是手裡不停地擺弄着鉛筆、尺子、鉛筆盒等物品。若是教室外發生了什麼事情，只要有一丁點的聲音，欣宇一定是全班第一個被吸引過去的。老師讓她回答問題時，欣宇常常是"一問三不知"。

　　不用說，她的考試成績可想而知。如此不良的聽課狀況，一旦孩子升入高年級，功課肯定跟不上。為此，老師曾私下找到欣宇的母親瞭解情況。

　　果然，欣宇的母親也說欣宇在家做作業的時候，總是磨磨蹭蹭，邊做邊玩，不是一會兒喝水，就是要上廁所，還經常發愣，一個小時能完成的作業，她總要用兩到三個小時才能完成，而且正確率也不高。欣宇的母親也因此非常發愁。

　　欣宇的問題是典型的做事注意力渙散，這恐怕是最令父母頭疼的學習問題之一。

　　我們知道，專注是學習的關鍵，只要能夠集中精力、專心致志，許多事情都能夠事半功倍。當孩子進入幼稚園或小學，在學校的大團體中，老師授課時不再只是單獨教學，而是面對整個班級的學生，如果孩子在上課時分心，不集中注意力，很容易跟不上進度，這樣就容易出現學習挫折，因此，父母有必要培養孩子專注的習慣。

　　欣宇之所以注意力不集中，主要是由於沒有養成良好的專注做事的習慣。這類孩子往往由於注意指向分散，意識緊張度不足，易被周圍其他事物所吸引；而且思維容易分散，注意穩定性低，常常是三心二意。

　　產生這種現象的原因很可能是家庭環境不良或父母沒有注意培養孩子這方面的習慣。比如欣宇在家裡做作業的時候，她的書桌上總是堆着幾件小玩具和果汁、點心之類的東西。欣宇的母親也習慣於在看着孩子寫作業的同時，嘮嘮叨叨地說個沒完。欣宇的學習環境中有太多容易分散她注意力的事物，使她無法專注於學習。當母親發現孩子做事磨蹭、拖拉時，只是不停地嘮叨、催促和訓斥，使孩子更加喪失了對學習的興趣。

　　孩子注意力不集中，有先天性的病理因素，但更多的是後天的不良習慣和環境所造成。其中，沒有養成良好的專注做事的習慣，是造成孩子注意力不集中的最重要因素。

　　關注孩子的注意力問題，就是要訓練孩子把注意力持續地集中在某個事物上一段時間，而這個過程不會被外界環境所干擾。這裡面包括兩層意思：第一，孩子的心理活動選擇在某一個方向（對象）上；第二，心理活動集中在這個對象上的強度或緊張度，且在此期間不會被外界環境所干擾。因為，孩子的心理活動在某一事物上的強度越大，緊張度越高，注意也就越集中。讓我們來看看美國教育家老卡爾‧威特是怎樣來訓練兒子小卡爾‧威特的：

　　我曾經用名為“平靜下來”的遊戲來訓練兒子的自我控制能力。

　　卡爾全神貫注，要把綠棍下的紅棍取出來。因為他太專心，他的手都有些發抖。他只有在不碰到綠棍的情況下，把紅棍移動四分之一英寸，才可以把紅棍拿出來。這時，我對着他的耳朵吹了一下，弄出點雜音，並不停地與他說話逗他，試圖分散他的注意力。但卡爾完全不為所動，慢慢做深呼吸，放鬆肌肉，眼睛緊緊盯着目標。他知道，要想贏得這場遊戲，就必須不受我的影響，集中注意力。他暗暗告訴自己：“只看眼前的目標。”果然，他把紅棍取出來了，而且沒有碰到綠棍。

　　我認為和卡爾玩的這種“平靜下來”的遊戲，可以幫助他對付別人的干擾。這個遊戲的規則是要求參加者在一定時間內從一堆木棍中移走一根，不能碰其他木棍。

　　雖然內容很簡單，但需要參加者能集中注意力，具備很好的動作協調能力，目的是教會兒子情感控制技能。卡爾玩時，我可以在一旁以任何方式取笑他，但不能碰他。每取出一根木棍，每人得一分，如果對取笑毫無反應，就得兩分。

　　我認為，此種遊戲對教會兒子情感控制技能很有用。兒子在遭到我取笑時，光告訴他怎麼做是不夠的，同時還要告訴他應該學會控制住自己的情感。

1. 認讀遊戲

在心理學中，有一種專門用來訓練專注力的小遊戲。

在一張有 25 個小方格的表中，將 1—25 的數位打亂順序，填寫在裡面，然後以最快的速度從 1 數到 25，要邊讀邊指出，同時計時。如：

5	20	15	23	6
12	4	1	13	21
19	7	16	3	11
10	2	9	18	25
17	14	22	8	24

我國年輕的數學家楊樂、張廣厚，小時候都曾採用快速做習題的辦法，嚴格訓練自己專注力。

研究表明：7—8 歲兒童按順序找每張圖表上的數位的時間是 30—50 秒，平均 40—42 秒；正常成年人看一張圖表的時間大約是 25—30 秒，有些人經過訓練可以縮短到十幾秒。

父母可以多製作幾張這樣的訓練表，每天讓孩子訓練一遍，相信孩子的注意力水準一定會逐步提高。

2. 小劇場

讓孩子跟其他小朋友分別扮演不同角色,演一個簡單的童話劇。例如,可以扮演"小羊乖乖",角色可設小羊、羊媽媽和狼。如果小朋友多,那麼可多設幾頭小羊。台詞簡單,動作隨意:

狼做敲門動作:"小羊兒乖乖,把門兒開開,快點兒開開,我要進來。"

小羊做堵門的動作:"不開不開不能開,媽媽沒回來。"

羊媽媽做趕狼的動作:"壞蛋!壞蛋!"

狼則"嗷嗷"叫着抱頭鼠竄。

羊媽媽開門和小羊擁抱:"媽媽回來了,你是媽媽的好寶寶。"

這個遊戲適合年幼的孩子,孩子在表演中兼顧台詞、動作和與小朋友的協作,社會性注意能力可得到充分的發展。

第 **42** 種方法

注意廣度
訓練

　　一天深夜，著名的地質學家李四光正在辦公室寫論文，突然他發現面前站着一個小女孩。

　　李四光停下來，看見小女孩瞪着眼睛看着自己，他感到很奇怪，便和藹地問道：

　　"小姑娘，這麼晚了你還不回家，你媽媽不想你嗎？"

　　小姑娘聽他這麼一問，大聲叫起來：

　　"爸爸，媽媽等你都等急了！"

　　李四光恍然大悟，原來小姑娘就是自己的女兒。他不由得笑出聲來，忙說：

　　"這就回家！這就回家！"

　　由於李四光注意力高度集中，因此他無法同時注意到其他的事物。可見，注意廣度和注意的集中性有時是很難統一的。

　　沒有經過訓練的正常人在注意事物時，很難做到一目十行的廣度。而且，當一個人把注意力集中於某一方面時，他的注意廣度也是會下降的。

　　怎樣訓練孩子的注意廣度呢？

　　在印度，打獵的部落喜歡玩這樣的遊戲：

　　兩個或幾個人參加比賽，先把某種物體觀察一段時間，然後，每個人把他們所看到的東西告訴裁判，每個人都要儘量多地說出這些物體的細節。誰說出的物體及物體的細節最詳細就算勝利。

　　這種方法是為了訓練獵手的注意廣度。其實，早在 1830
年，心理學家漢密爾頓就做了一個實驗，他在地上撒了一把石子
兒，發現人們很難在一瞬間同時看到六顆以上的石子兒。如果把
石子兒兩個、三個或五個組成一堆，人們能同時看到的堆數和單
個的數目一樣多。

　　父母在家裡也可以通過下面的遊戲來訓練孩子的注意廣度。

親子活動

數物品

請家長與孩子一起找一些小石子或者玻璃球放在盒子裡，由一個人迅速打開盒子讓另一個人看兩秒，然後又迅速合上蓋子，讓看的人說出盒內小石子或者玻璃球的個數。

兩人可交換着進行，可以不斷變換盒子內的小石子或者玻璃球的個數。

第 **43** 種方法

注意分配訓練

有一次，英國一位議員需要在一次重要的會議上發言，但是，由於時間有限制，他事前請鄰座的議員在他講了 5 分鐘後給他提個醒。

　　這位議員滔滔不絕地講了 5 分鐘後，鄰座的議員就用臂膀推了推他，暗示他時間到了。

　　但是這位議員沒有反應，鄰座見他沒反應就又使勁地捅了捅他，結果這位議員還是沒反應。後來，鄰座只好用針扎他，這位議員被刺得幾乎要流血了，但是他仍然沒有反應。

　　大約 15 分鐘後，議員自己覺得講得太多了，就停了下來。當他坐下的時候，他生氣地對鄰座說："你怎麼不提醒我停下來？"

　　可憐的鄰座其實不知提醒了他多少次！

　　這位議員在演講時的注意力實在太集中了，以至於他根本沒有注意到鄰座不斷地在提醒他。可見，注意力的集中性與分配性是有互相制約作用的。

　　法國心理學家布朗就具有一心二用的本領。他能夠一邊向聽眾朗誦一首詩，一邊又在寫另一首詩，等詩朗誦完後，寫的詩也完成了。他還能夠一邊朗誦詩，一邊進行複雜的乘法演算，等詩朗誦完時，演算結果也出來了！

　　但是，並不是每個人都能夠做到同時注意兩件事情。大部分父母也總是對孩子說，不要一心二用，要一心一意。這主要是強調了注意的集中性和穩定性，讓孩子盡可能地集中注意力。實際上，注意的分配性也是需要加強的。

在許多情況下，一個人往往需要同時進行兩種或兩種以上活動，把注意力指向兩個或兩個以上對象。比如，孩子在上課的時候，需要一邊聽老師講課，一邊把老師講的內容全部記下來，只聽不記或者只記不聽都是不合適的。

那麼，怎樣訓練孩子的注意分配性呢？

在日常生活中，可以讓孩子多利用洗碗、洗衣服的時間背英語單詞、聽新聞，這樣，不僅可以幫助父母做一些家務，注意力的分配能力也能不斷地提高。

當然，父母要注意的是，同時進行的活動不能都非常複雜、困難，必須是比較熟悉的。比如，布朗進行的一心二用都是他比較熟悉的。如果兩件事情或兩項活動都比較困難和複雜，注意分配時就比較困難，結果往往是兩件事情都做不好，兩項活動都開展不好。因為注意的集中性和注意的分配性在一定程度上是對立的。

兩不誤

和孩子一起一邊聽故事，一邊進行加法運算。

先讓孩子做裁判，父母邊聽故事，邊進行加法運算，然後檢查計算情況，再把聽到的故事複述一遍；

接着父母來做裁判，讓孩子邊聽故事，邊進行加法運算，然後檢查計算情況，再讓孩子把聽到的故事複述一遍。

最後，比比誰計算的準確率高，誰複述故事的細節多。

第**44**種方法

視力引導訓練

　　一個人的視力與他的注意力是有一定關係的。當一個人目不轉睛地盯着圖畫看的時候，那表明他注意力高度集中，正在聚精會神地思考問題。當一個人目光渙散，沒有視力焦點的時候，則表明他的思維正處於無緒狀態，或者正沉浸在想像當中。

　　小時候的梅蘭芳眼皮下垂，兩眼無神，而且老是唱不好，不是忘了詞兒，就是唱錯了腔。他的第一位啟蒙老師一氣之下，便再也不教他了。

　　老師離開後，梅蘭芳很受打擊。為了治好自己的眼睛，梅蘭芳想出了一個好辦法。

　　他每天把家裡的鴿子放出去，當鴿子在天空飛翔時，梅蘭芳就用一杆頂端拴了紅綢子的長竹竿，指揮鴿子起飛；如果要鴿子下降，他就把綢子換成綠色的。

　　有趣的是，鴿子喜歡相互串飛，如果自家的鴿子訓練得不熟練，很可能給人家鴿子拐走。因此，梅蘭芳要手舉高竿，不斷搖動，給鴿子發出信號，同時還要仰着頭，抬着眼，極目注視着高空中的鴿群，要極力分辨出裡面有沒有混入別家的鴿子。

　　天長日久地練下來，梅蘭芳的眼皮不下垂了，眼神不呆滯了，注意力也更加容易集中了。後來，梅蘭芳發奮學戲，創立了梅派，成為我國一代京劇宗師，名列"四大名旦"之首。

你還記不記得，小時候給孩子拍照的時候，當孩子的注意力不集中、東張西望的時候，你總會對孩子說："來，寶貝，看媽媽這邊！"然後孩子就朝你看來，發現你正在對他眨眼或是微笑。這樣，孩子的眼睛就會看着你，注意力也集中了。這其實就是在吸引孩子的視線，集中孩子的注意力。

視力引導訓練經常被用來訓練注意力。比如射箭的人必須注意力集中，對準目標在最關鍵的時候射箭。如果注意力有一點點不集中，就不可能射中。因此，以前練習射箭的人，往往會將一個中間空的小銅錢掛在遠處，經常遠遠注視它，努力去分辨出銅幣的空心。練到一定的時候，當他們能夠輕鬆地射中銅印的空心時，他們就再練習注視高空中的飛鳥，極力分辨鳥的頭和身子及其他部位。長期堅持這種視力訓練，據說是訓練神箭手的方法。

因此，父母可以通過運用一定的視力引導工具來訓練孩子集中注意力。在孩子想問題的時候，父母可以要求孩子的眼睛只看牆上的某一點、桌上的文具盒等單一的事物，然後注視這個對象，不要轉移注意力，這些都可以提高孩子的注意力。

下面有幾個小遊戲就是通過視力引導來訓練孩子注意力的。

親子活動

1. 筆尖遊戲

父母與孩子一起看同樣的書，然後尋找書中的某些關鍵字語。要求在看書的時候拿支筆，看到重點的地方劃條線。這樣，孩子的眼睛會不自覺地跟着筆尖走，不僅能夠提高閱讀速度，而且可以幫助孩子糾正看書過程中注意力分散的不良習慣。

2. 圈字遊戲

要求孩子把 6 後面第二個數字全部打圈。

3591569369824523650236652536226023695002954133587789643125

5796831254975512356546879854254845855678457845784585478744

5512234242212495632756214896325896314707585828907091709608

7

7565156295615456567879434632161646207418529635962468971221

3

2152165213221324868974563541205206206024895375684502189745

1

2303465877896541238780787172987578741998676354302151293425

8

9654123018945312698702589305451057891254202485213567792010

2

1548105423635421048657173279870907081728904217890135406546

8

7988789270234659872760248597627873259676098876354325172432

7

0987654367890877418490576958492846492212487492141592824884

5

第**45**種方法

注意轉移訓練

卡文迪許是英國著名的科學家，他發現了水的組成，揭開了化學反應之謎。

有一次，卡文迪許請了四個朋友吃飯。僕人問他做點什麼菜餚，當時卡文迪許正坐在房間裡，兩眼直愣愣地盯着天花板思考問題，聽到僕人問他，卡文迪許想了一下，說：

"一隻羊腿吧。"

僕人覺得一隻羊腿做菜太少太單調了，就問卡文迪許是否再加點什麼。當時，卡文迪許正沉浸在思考當中，聽到僕人問他，就想也不想順口回答：

"那就兩隻羊腿吧！"

卡文迪許的回答讓人覺得好笑。事實上，卡文迪許只是把注意力放在僕人的第一個問題上，沒考慮到僕人的意思不只是菜少，而且太單調。可見，卡文迪許在思考問題的時候，注意力非常集中，以至於無法靈活地把自己的注意力轉移到僕人的問題上來。

人的注意往往有一個過程，當注意一個事物時，迅速轉換去注意另一個事物就會出現困難。比如，孩子剛剛上了一節有趣的語文課，上課鈴聲又響了，明明這節是數學課，老師已經在課堂上講課了，但是，孩子注意力似乎還停留在語文老師所講的故事中而無法轉移到數學課上來。這說明孩子的注意轉移性還不夠好。

　　與注意的分散不一樣的是，注意轉移的好壞在於轉移的快慢，年齡越小的孩子注意轉移的速度越慢，年齡越大的孩子越容易迅速轉移注意力。不能快速轉移注意並不是說明孩子的注意力不好，只是表明孩子在注意轉移方面不夠靈活。只要父母在平時幫助孩子多運用注意轉移訓練，注意力就能靈活地轉移了。

　　下面的訓練對於孩子的注意轉移性有很大的幫助。

親子活動

看誰算得快！

隨便寫兩個數字，一個在上面，一個在下面。例如 2 和 7：

第一種寫法：把它們加起來，兩數之和寫在上面數字的旁邊，並把原來上面的那個數寫在下面那個數的旁邊。如此不斷進行。當兩數之和大於 10 時，則記個位數。

```
2 9 10 1 1 1 2 3
7 2 9 10 1 1 2
```

第二種寫法：把它們相減，兩數之差寫在下面數字的旁邊，並把原來下面的那個數寫在上面那個數的旁邊。如此不斷進行。

```
2 7 5 2 3 1 2 1
7 5 2 3 1 2 1 1
```

與另一個人一起玩，一個人先發出指令："用第一種寫法！"30 秒後再說："用第二種寫法！"指令一發出，寫的人就在當前位置劃一條線，迅速轉換到另一種寫法。這樣不斷進行。

最初練習可以只做 3 分鐘，每週做 2—3 次，看加算量有無進步，錯誤是否減少。3 週後增加到 5 分鐘，每週 3—4 次。

目標引導訓練

　　宇華在很小的時候，看見鄰居家的孩子背着書包蹦蹦跳跳地去上學，心裡羨慕得不得了。有時去找人家玩，可人家不帶她，"去去去，小不點，一邊玩去！"看着他們驕傲的神情，宇華真想和他們一樣，背着書包去上學。媽媽看到這種情況後，就留心引導宇華的學習目標。

　　當宇華要上學時，媽媽用目標引導的方法輕鬆地把宇華的注意力引導到要專心學習上。宇華的媽媽是怎樣做的呢？

　　"宇華，上小學了，準備怎麼做？"宇華剛上小學，媽媽就問她。

　　"聽老師的話，做個好孩子。"宇華輕快地說。

　　"是啊，"媽媽說，"還有呢？"

　　"上課不說話，不做小動作……"

　　"宇華說得對。可不光是這些，更重要的是要好好聽課。有的孩子雖然坐在板櫈上老老實實，不說話，也不交頭接耳，其實他早就開起了小差，老師講的話他根本沒有聽進去。這樣做對嗎？"

　　"不對，要認真聽講。"宇華接着說，"不能開小差，也不能東張西望！"

　　"宇華真是個優秀的小學生！"媽媽表揚道，"不僅上課要認真聽講，課後還要寫好作業，複習一下當天所學的功課。"

　　逐漸地，在媽媽的指導、鼓勵下，宇華上課時能注意聽講，每天放學回家後，就先把作業寫完。吃過晚飯後，先玩一會兒，然後再複習一下當天學過的內容，預習明天的課程。一開始，媽媽還在旁邊督促，時間長了，宇華就能很自覺、很積極地做了。

在明確目標的不斷引導下，宇華慢慢地養成了自覺學習、專心學習的習慣，這方面的成果也是很明顯的，她的成績不斷地取得進步。

經過目標引導訓練，當父母給孩子設定了一個要自覺提高孩子注意力和專心能力的目標時，父母就會驚奇地發現，孩子在非常短的時間內，集中注意力這種能力有了迅速的發展和變化。

如果孩子在學習時，將自己的精力漫無目標地散漫開來，不可能取得好成績。因此，父母要讓孩子學會在明確目標的引導下，學會在任何需要的時候將自己的注意力集中起來，這也是一個成功者必備的能力。

在幫助孩子訓練、提高自己的注意力前，更重要的是，父母要幫孩子訂立這樣一個目標，那就是，"從現在開始，我要比過去更善於集中注意力。"不論做任何事情，一旦進入，能夠迅速地不受干擾，這一點是非常重要的。比如，如果孩子對自己提出這樣的要求：我一定要在高度注意力集中的情況下，將老師講的內容基本上一次都記下來並能理解。當孩子有了這樣一個訓練目標時，他的注意力本身就會高度集中，他就會很容易排除干擾。

下面是幾個目標引導訓練的小遊戲。

親子活動

1. 聽鼓聲走

準備小鈴鼓或其他能發出聲音的玩具一個。

在遊戲過程中，讓孩子遵守遊戲規則。鈴鼓拍得快，孩子走得快；鈴鼓拍得慢，孩子走得慢；鈴鼓停止時，孩子要站在指定物體旁。在玩遊戲時，父母可以不斷變換指定目標，在孩子走的過程中，父母可以變換鈴鼓的快慢，以此指揮孩子快走或慢走。讓孩子練習聽信號變速走及向指定方向走。

2. 送雞毛信

準備形狀、顏色各不相同的圖形紙片及鈴鼓一隻。出示各種形狀的紙片，請孩子說一說這些圖形的名稱。

父母向孩子介紹遊戲規則：敵人要來了，指揮官要派通信員去送信，不同形狀的信要放在指定的地方。

和孩子一起遊戲時，家長當指揮官，孩子當通信員，家長發出指令：把紅色三角形的信送到某處。把藍色正方形的信放到某個地方。孩子聽到指令和鈴聲後出發，在鈴聲停止時要把"信"送到指定地點。當孩子把"信"送到指定地方後，父母要給予表揚，以激發孩子繼續遊戲的興趣。

第 **47** 種方法

閱讀能力
訓練

　　"童話大王"鄭淵潔說："在我小的時候，父親當着我面讀書，他使我養成了一個閱讀的習慣，這個閱讀實在是個好習慣。你養成這樣一個閱讀的習慣，不管什麼時候，都能靜下心來讀自己喜歡的圖書、報紙、刊物。"

　　注意力不集中的孩子一般都不愛閱讀，因為閱讀需要長時間地集中注意力。父母應該培養孩子閱讀的習慣，這樣可以讓孩子在較長的時間內集中精力來閱讀，有利於提高孩子注意力的穩定性。

　　閱讀的興趣是孩子積極閱讀的意識傾向，有閱讀興趣的孩子才能集中精力認真閱讀。但是，閱讀興趣不是先天就有的，它是孩子在不斷閱讀中形成的。父母可以從孩子最喜歡的故事入手，先讓孩子多閱讀他比較感興趣的書籍，讓孩子在其中產生強烈的閱讀興趣。

　　美國教育家傑姆·特米里斯認為：0 — 3 歲是形成孩子閱讀興趣的關鍵階段。父母應該在孩子小的時候就養成每天為孩子閱讀的習慣。每天 20 分鐘，持之以恆，孩子的閱讀興趣就是在父母抑揚頓挫的朗讀中形成的。

　　電腦奇才比爾·蓋茨從小就表現出了驚人的專注力。他的父親適時地引導和培養他愛鑽研的精神，並努力尋找適合兒子天賦發展的外在環境。

當比爾‧蓋茨的父親威廉‧蓋茨發現兒子酷愛讀書，而且喜讀大人的書籍時，他就在自己家裡盡可能地為兒子提供良好的讀書條件和環境，這樣，比爾‧蓋茨就可以隨便翻閱他自己感興趣的書籍了。比爾‧蓋茨小時候最感興趣的書是《世界圖書百科全書》，比爾‧蓋茨曾經一字一詞地從頭讀到尾，連續幾個小時都不休息。

　　威廉‧蓋茨還經常讓比爾參加他家附近圖書館舉行的夏季閱讀比賽，比爾總是能夠獲得男孩中的第一名。9歲時，比爾‧蓋茨就已經讀完了《百科全書》全卷，正是這樣的閱讀鍛煉，培養了比爾‧蓋茨非凡的記憶力以及敏捷而有深度的思維能力。

　　有些父母在引導孩子閱讀時，還故意在給孩子講故事時只講一半，孩子聽故事入迷時，父母就停了下來，孩子急於想知道故事的結尾，這時父母對孩子說：“這個故事就在書本裡，想知道故事的結局，那自己看書吧。”孩子會不知不覺地捧起書本。

　　當然，培養孩子的閱讀能力，父母最好能夠和孩子一起閱讀，和孩子一起閱讀不僅能營造讀書的氣氛，讓孩子願意跟隨父母閱讀，而且父母能夠提前看看孩子要看的書，向孩子提出一些問題，讓孩子帶着問題去閱讀，提高孩子閱讀的目的性和閱讀的專心度。父母還可以和孩子一起討論，讓孩子發表意見和觀點，有利於培養孩子的閱讀興趣。

英國的勃朗特三姐妹在文學史上頗有成就。小時候，父母經常陪她們閱讀。冬天，她們圍坐在熊熊的爐火邊，共同閱讀優美、抒情的作品。有時候，她們會輪流閱讀一本名著，還會對其中的精彩部分進行討論。

　　當孩子的注意力可以穩定在一段時間內了，父母再引導孩子閱讀其他健康的有意義的書籍。只要孩子愛上了閱讀，孩子就能集中注意力做其他事了。

1. 狐狸和烏鴉

烏鴉在大樹上做了一個窩。大樹底下有一個洞，洞裡住着狐狸。

有一天，烏鴉飛出去給它的孩子找東西吃。它找啊找啊，終於找到一片肉，叼了回來。它站在窩旁邊的樹枝上，心裡很高興。

這時候，狐狸也出來找食物。它抬起頭，看見烏鴉嘴裡叼着一片肉，饞得狐狸直流口水。

狐狸想了想，就笑着對烏鴉說："您好，親愛的烏鴉！"烏鴉看了看狐狸，沒有說話。

狐狸又說："親愛的烏鴉，您的孩子好嗎？"烏鴉看着狐狸，還是不做聲。

狐狸又說："親愛的烏鴉，您的羽毛真漂亮，麻雀比起您來可就差得太多了。您的嗓子也真好，唱的歌誰都愛聽，您就給我們唱幾句吧！"

烏鴉聽了狐狸的話，心裡別提多高興了，於是就得意地唱起歌來。

"哇……"烏鴉剛一張嘴，肉就掉了下來。狐狸叼起那片肉，鑽進洞裡去了。

父母在和孩子一起閱讀這篇小故事時，可以引導孩子與父母討論：烏鴉找到的肉為什麼會被狐狸騙走了？

2. 美麗的公雞

從前有一隻大公雞，自以為很美麗，整天得意洋洋地唱：
公雞公雞真美麗，大紅冠子花外衣，
油亮脖子金黃腳，要比漂亮我第一。

有一天，公雞吃得飽飽的，挺着胸脯，唱着歌，來到一棵大樹下。它看到一隻啄木鳥，說："長嘴巴的啄木鳥，咱們比比誰美。"啄木鳥冷冷地說："對不起，老樹生了蟲子，我要給它治病。"公雞聽了，唱着歌，大搖大擺地走了。

公雞來到一個果園裡，看見一隻小蜜蜂，說："鼓眼睛的小蜜蜂，咱們比比誰美。"蜜蜂冷冷地說："對不起，果樹開花了，我要採蜜去。"公雞聽了，又唱着歌，大搖大擺地走了。

公雞來到一塊稻田邊，看見一隻青蛙，說："大肚皮的青蛙，咱們比比誰美。"青蛙冷冷地說："對不起，稻田裡有害蟲，我要捉蟲去。"公雞見誰都不跟它比美，只好往回走。

在路上，公雞碰到一匹馱糧食的老馬，傷心地說："老馬伯伯，我去和啄木鳥、蜜蜂、青蛙比美，它們為什麼都不理我？"老馬說："因為它們懂得，美不美不能光看外表，還要看能不能為人們做事。"

公雞聽了老馬的話很慚愧，再也不誇耀自己了。從此，它每天天不亮就喔喔地打鳴，一遍又一遍地催人們早起。

第 **48** 種方法

眼口協調
訓練

心理學研究證明：大聲讀書有利於訓練孩子的注意力，大聲讀書的過程也是孩子口、眼、腦相互協調的過程。

讓孩子大聲讀書，在西方是一種長期形成的傳統。1979年，美國畫家兼專欄作家崔利斯，有感於美國兒童普遍閱讀水準的下降，專門著書立說宣導"讓孩子大聲讀書"。越來越多的父母加入到這一行列，鼓勵孩子大聲讀書。

家長可以每天安排一定的時間讓孩子選擇他們喜歡的小故事、童話等大聲朗讀。在孩子讀書的過程中，家長要給孩子提出這樣的要求：儘量不讀錯、不讀丟、不讀斷。孩子在大聲讀書時，要達到這樣的要求，注意力必須高度集中。如果能把這種訓練一直堅持下去，孩子的注意力就能逐步得到提升，理解能力也會增強。

有一位媽媽在引導孩子大聲讀書時是這樣做的：

我女兒日常生活中的節目挺豐富的，除了吃飯、睡覺和上幼稚園外，還要和大夥伴、小夥伴們玩耍，還要畫畫、跳舞、看動畫片等等。細心的家長如果仔細觀察一下，大概每個孩子的一天都是這樣忙忙碌碌的。一句話，孩子用在讀書上的時間很有限。如何讓孩子在成長之路上變成一個喜愛讀書的人？我想，只有父母身體力行。

我喜歡在空閒的時間大聲讀書，其實說是大聲讀書，並不是要求聲音要達到多少分貝，而是要讀出聲音來。女兒很小的時候，我就讀書給她聽，除了念書給女兒聽，家裡的大人還時常相互讀一點什麼，比如讀點兒報紙上有趣的事情，或者書上的某些段落。像《愛心樹》這樣的書，是特別適合家人相互讀來聽的書。還有些有趣的問答卡片，比如有一套唐詩問答卡片，非常適合全家人一起來讀書、做遊戲，只是把最初搶答的機會讓給孩子。逐漸地，女兒也開始愛上了讀書，而且是有表情地大聲讀。

有經驗的父母在引導孩子讀書時，常採用閱圖漫步讀書法。

閱圖漫步讀書法，其實就是輕鬆自然地引導、陪伴孩子，翻看圖書裡的圖畫或插圖。這種讀書方式應該是非常閒適的，它可以穿插在大聲讀的全過程中，也可以單獨進行。這種讀書活動適用於圖畫書或有插圖的書。優秀的圖畫書往往有很好的圖畫敘事能力，孩子往往可以從圖畫中“讀”出一個完整的故事來。

在孩子大聲讀書或者父母為孩子大聲讀書前，可以先讓孩子進行閱圖漫步。這好似一種預演活動，比如，媽媽指着封面問孩子，“猜猜看，這隻小豬為什麼叫唏哩呼嚕？”然後隨意翻看書裡的插圖，“瞧瞧，唏哩呼嚕的怎麼這麼狼狽？”“不好，大灰狼來了！”等等。經過這樣的預演，孩子的注意力就被吸引過來了，對書裡的故事充滿好奇。

在大聲讀完後，可以和孩子一起，也可以讓孩子自己，再次漫步畫中，重新回味。孩子如果興致高，會自己一邊拿着圖畫一邊講故事。千萬別要求孩子的故事"忠實於原著"，大人更應該細心傾聽孩子自己的故事。

在引導孩子大聲讀書的活動中，如果父母同時參與進來並加入表演的成分，會讓整個過程變得很開心，而且達到很好的效果。

在親子共讀時，一般最簡單的表演是富有感情色彩、節奏調整適當的朗讀。為了吸引孩子的注意力，父母應該事先預習一下素材，至少在有對話的地方要能分清哪一句話是誰說的。對話太多、說話的角色太多的書一般不適合大聲讀，父母在選書時可以儘量避免選這種讀物。那些主人公形象特別可愛、性格鮮明、語言特徵明顯的故事，是特別適合孩子大聲讀的。

讓孩子大聲讀書，本身並不困難，難在要持之以恆。可以讓孩子選擇合適的時間段，每天堅持至少讀 20 分鐘，讓孩子快樂地享受讀書的過程。

第**49**種方法

動手能力
訓練

智力發展與手指尖有密切的關係。手指上佈滿神經，分佈在手指上的神經細胞有 20 萬之多，而分佈在人體軀幹上的神經細胞也僅 50 萬個。一個大拇指在大腦中運動區的面積，相當於一條大腿的 10 倍。而且，手指隨時將各種資訊傳遞給大腦，而大腦對這些資訊進行加工、處理後，又不斷地發送出各種新的指令，手指在運動時，常常需要聽覺、視覺等各種感覺器官的配合，所以手指運動對於大腦、視覺、聽覺以及智力、注意力來說，都是一種有益的刺激。

孩子的動手能力是對大腦發育最好的刺激。多數的發明家、科學家都有很強的動手能力，心靈手巧是他們做出成就的保證。父母應該在孩子 3 歲前就教孩子握筆、寫字、做手工、拿筷子等，動手的同時就將新的刺激源源不斷地輸入大腦。腦的使用度越頻繁，腦的成熟度就越高，也就是我們平常所說的"腦子越用越靈"的道理。

孩子四五個月時，父母就可以在孩子的胸前、孩子的小床邊掛一些軟質的彩色小玩具，引著他單手去抓玩具；慢慢地再教他搖動發出清脆悅耳聲音的小鈴鐺；再以後教他用雙手抓握東西。孩子在用手抓握東西時，其實是在用這雙小手去瞭解身邊的事物，去感受物體不同的質地，感受物體的柔軟與堅硬、光滑與粗糙，有時甚至也想試試自己的力量，以致抓住一件東西不鬆手。

到了孩子兩歲左右，父母除了教孩子做遊戲外，還可以引導孩子整理自己的玩具，教孩子穿衣服、脫衣服，讓孩子學習用小勺和筷子吃飯。

孩子剛開始學吃飯時，可能弄得滿桌子都是飯，但經過一段時間的鍛煉，慢慢就變得利索了。而且用筷子吃飯，孩子的肩部、胳膊、手腕、手掌及手指的 30 多個關節、50 多條肌肉都在參與活動，手、眼、嘴在大腦的指揮下，彼此配合協作，長期堅持下去，能夠發展孩子的注意力，促進孩子智力的發展，增進手與眼及其他器官之間的協調性。

善動手動腦的孩子，常常也是淘氣好動的孩子。他們喜歡把買來的玩具拆開，重新組裝。有的孩子也會給家長找來麻煩。

保護孩子積極動手動腦的良好習慣不是一句空話，當父母的要理解孩子，要引導孩子積極地動手、動腦。孩子看到新鮮好奇的東西，就喜歡摸一摸，看一看，做父母的如果對孩子的好奇表示出冷漠，就會打擊孩子的積極性。孩子的好奇心有時會衝破父母的知識範圍，這是很正常的。

如果父母對孩子的發問一時答不上來，可以通過翻書或者向人請教，有了正確答案，再告訴孩子，千萬不要不耐煩地說："就你能，就你多嘴！"家長的不支持會扼殺他們善於動手動腦的熱情，孩子慢慢就不再願意去探索了。

因此，父母千萬不要在有益無意間剝奪了孩子動手動腦的機會，而應該積極創造條件，讓孩子的雙手與大腦受到應有的"教育"。

親子活動

1. 滾鐵環

家長先帶孩子做一些身體的準備活動，然後帶孩子認識鐵環。

孩子在初學滾鐵環時，家長可以手把手地教孩子滾鐵環，向孩子介紹玩鐵環的動作要領：

將鐵鈎勾在鐵環上，右手抓住鐵鈎把手彎腰向前推，左手在初轉動時幫着扶住鐵環，推動後借助滾動的慣性跟着追跑。

滾鐵環活動是一項需要身體各部位協調配合才能完成的活動，較難掌握，家長在孩子遇到困難時一定要及時幫助，鼓勵孩子克服困難。

這個遊戲是鍛煉孩子控制器械追逐跑的能力，發展孩子的協調能力，同時也發展孩子的動腦能力。

2. 玩黏土或者橡皮泥

黏土和橡皮泥具有不錯的手感及“聽話”的特點，多動的孩子也喜歡擺弄。信手“黏”來，捏出各種意想不到的形象；模仿造型，則在粘粘捏捏中獲得成果。準備各色黏土或橡皮泥，讓孩子自己動手製作。也可以讓孩子跟小朋友一起製作，互相炫耀、展示自己的作品。

這也是一項提升模仿力、想像力、創造力、注意力的好的遊戲活動。同時，對發展手指的精細動作有很好的作用。

第 **50** 種方法

聽覺能力訓練

蕭蕭上課總是不能長時間專心聽講，注意力分散，對別人的話常常充耳不聞，也無法理解老師課堂上所講的知識，複述老師所講內容時，顯得語無倫次，記不全或記不住老師口頭佈置的作業和事情，總是放學後由媽媽打電話問班上其他的小朋友，媽媽為此不知生了多少氣⋯⋯

　　像蕭蕭這樣上課無法認真聽講的孩子，相當多的是由於缺少一種重要的學習能力 —— 聽講能力。

　　"聽"是孩子獲得資訊、豐富知識的重要來源，會聽講對學生來說是非常重要的。聽覺的發展對孩子的智力發展具有重要的促進作用，兒童依靠聽覺，辨認周圍事物的發聲特點，欣賞音樂，學唱歌曲。聽覺也是學習語言的重要條件，學說話，聽別人說話，都離不開聽覺。因此，父母一方面要注意保護孩子的聽覺器官，講究用耳衛生，另一方面，要進行有意識、有目的的聽覺訓練。

　　比如，在孩子小的時候，要經常和孩子說話，不要覺得孩子還小，什麼也聽不懂，什麼也不明白，和小孩子說話也是白費力氣。其實父母應該知道，大人說話的聲音，對孩子的聽覺器官是一種積極的刺激，不僅可以使孩子在情感上得到滿足，也可以促進孩子聽覺和語言的發展。

　　父母還可以利用玩具進行各種練習聽力的遊戲，例如，可用能發出悅耳聲響的玩具，逗不滿周歲的嬰兒將頭轉向有聲音的一側，尋找聲源。對大一些的孩子，父母則可以和他玩"聽聽我是誰"，"聽聽什麼在發響"等遊戲。

對於上學的孩子，由於每天學習負擔比較重，父母可以讓孩子定時聽聽明快柔和的音樂，不僅能使孩子緩解疲勞，使精神愉悅，而且還可以促進孩子的聽覺感受和理解能力的發展。

父母可以讓孩子聽音樂、聽小說，鼓勵孩子用自己的話描述所聽到的內容，從而培養孩子專心聽講的好習慣。

在空閒的時間，可以帶孩子外出散步或者郊外旅遊，可引導孩子注意傾聽大自然中各種聲音，如風聲、雨聲、流水聲、鳥鳴聲、蟲叫聲等等。

親子活動

1. 聽聽看

先準備 5 個至 10 個不同的容器，並且裝滿水。在遊戲時，父母
用筷子敲裝滿水的容器，讓孩子自己去聽去分辨聲音的高低。

這個遊戲主要是訓練孩子的聽覺，聽覺是由內耳聽覺器官接收聲
波的刺激，然後傳送到腦幹部位的聽覺中樞，以辨認聽覺資訊的
性質。在訓練聽覺的時候，孩子必須集中注意力去聽，因此，孩
子的注意力也得到了鍛煉。

2. 瓜子花生交響樂

父母先準備瓜子、花生、瓶子數個。

在做這個遊戲時，父母可以試着讓孩子用手或小湯匙，將瓜子、
花生等小物品慢慢地放入瓶中。在孩子放入少許的瓜子或花生
後，家長可以協助孩子旋好蓋子，和孩子一起有節奏地搖動瓶子，
並試着打拍子，讓孩子跟着做做看；此時也可以播放孩子喜歡聽
的音樂，讓孩子一邊唱一邊跟着打拍子，增加孩子的節奏感和對
聽覺的敏銳度。

通過這樣的練習，不僅可以訓練孩子手眼協調的能力，也可訓練
孩子肢體觸覺方面的能力。